THE EASIEST
ORACLE CARD
TEXTBOOK

いちばんやさしい

オラクルカード
リーディング

の教科書

森村あこ 著
MORIMURA AKO

ナツメ社

はじめに

　オラクルカードのオラクル（Oracle）とは、神託や託宣、あるいは「神の言葉」が語源です。古代、神託は神殿で降ろされる尊いものでした。

　特に有名なのは古代ギリシアの最古の神託所、デルポイのアポローン神殿で、ここで降りる神託は、「デルポイの神託」と呼ばれ、紀元前8世紀頃に確立されました。

　神話の『オイディプース』は、生まれた子の神託を受けたことや、神託を主人公が誤解したことが物語を進めていきます。

　史実としても、紀元前480年、スパルタの王であったレオニダス一世は300人の兵で200万のアケメネス朝ペルシアと戦う前にデルポイの神託を受け、覚悟を決めたといわれます。

　巫女が神託を謎めいた言葉で告げると、それを別の人間が翻訳して人々に説明したといいます。

　そして時代は移り変わり、近年では、カードにメッセージ性を託したオラクルカードが登場してきました。さまざまなカードが巷にあふれていますが、「問いかけて、なんらかのお告げを得る」という意味で、古代ギリシアの神託が発想のベースにあるといえるでしょう。

　占いで使うカードといえば、タロットカードのほうがなじみも深く歴史もありますが、オラクルカードは、タロットのような完全にロジカルなカタチでの決まった型があるわけではありません。それだけに、「種類がたくさんあって、何を選んでいいのかわからない」「オラクルカードはどうやって使ったらいいの？」と思う方もいるでしょう。

　オラクルカード初心者の方が楽しめるよう、さらに、オラクルカードを使い始めた方はより自在に扱えるよう工夫したのが本書です。どんなカードでも対応できる「シンボル読み解き事典」や、コレクションしていきたい「ファイリングフォーマット」が特色です。

　ひとりでも占え、友達とも占い合えます。オラクルカードを自由に楽しんでいきましょう！

森村あこ

CONTENTS

～ ✤ CHAPTER 3 ✤ ～
オラクルカード占いの基本
·········· 49

CHAPTER 4
リーディングを始めましょう
·······79

CHAPTER 5
リーディング力を磨きましょう
·······115

[シンボル読み解き事典]

～❀ CHAPTER 6 ❀～
オラクルカードをもっと楽しみましょう
……147

本書は書き込んで使えます

この本では、オラクルカードを習得するために必要な要素を、
書き込み式で学べます。以下のページを繰り返し記入するだけでも
リーディングのコツがつかめるようになるでしょう。

■ 質問上手になる実例ワーク [P68～]

オラクルカードのリーディングは「何を尋ねたいか」を明確に
することが肝心。「質問の立て方」（P62 ～ P67）を参考に、オラ
クルカード用の質問を実際に考えてみる練習をしましょう。

■ 実践！リーディングドリル [P135～]

リーディングの自習ができるドリル。実際に引いたカードを見
ながら、絵柄の印象、気になるシンボル、ピンときたキーワード
などを書き出すことで、質問への答えを導きやすくなります。

■ 巻末付録 ファイリングフォーマット [P167～]

カードデッキを記録するシートと、カードを１枚ずつ記録する
シートの２種。ファイリングしてオラクルカードへの解釈をより
深めて。それぞれのフォーマットはダウンロードして使えます。

CHAPTER

1

あなたにぴったりの
オラクルカードは？

たくさんの種類があるオラクルカード。
枚数も絵柄も決まりがないだけに、より取り見どりです。
メッセージも、日本語版、対訳の解説書が付いているもの、
英語だけのものも。チャート式テストと目的別のカタログから、
まずはお気に入りになりそうなデッキを探しましょう。

相性のいいカードとの
心弾む出会いを求めて

　オラクルカードとの出会い方は、さまざまあります。オラクルカードの取り扱いのある書店や雑貨店で手にしたり、ネットショップで見つけたりする他、友人が使っているのを見て、気になるカードに巡り合うこともあるでしょう。また、SNSやリーディング動画などで占いに用いられてるカードを目にして、同じものが欲しいと感じるときもあると思います。

「これは欲しい！」とあなたが直観的に思ったとき、その出会いを大切にするのが一番だと思います。そのときは、きっとそのデッキ（カードセット）の中に、あなたに必要なメッセージがあるでしょう。

　あなたとオラクルカードを結び、「これ！」とピンとくる瞬間を招くよう、次からチャート式のテストとカタログを用意しましたので、参考にしてください。

●全国のオラクルカード取り扱い書店のご案内
http://www.light-works.jp/html/page29.html
実際に手にしてから購入を考えたいときなど、
お近くの店舗を探してみてはいかがでしょうか。

チャート式テストが導く
あなたにフィットする
オラクルカード

　長い間、天使の絵柄が有名でしたが、今やさまざまな世界観のデッキがあります。なじみやすく、リーディングしやすいものはどれかと迷ってしまうことでしょう。

　まずは、大きなくくりで、あなたに合いそうなカテゴリーを調べてみては?　下のQ1から質問に答え、当てはまるコマへと進んでいってください。

Start

Q1

寝ていると、
不思議な物音がします。
あなたはどうしますか?

しばらく様子を見ながら
原因を考える ☞ **Q2へ**
すぐに起き上がって
確認する ☞ **Q3へ**

Q2

あなたの主な趣味は、
ひとりで楽しむもの?
仲間と楽しむもの?

ひとりでも楽しい趣味
☞ **Q4へ**
仲間が不可欠な趣味
☞ **Q5へ**

次のページに続きます

Q3

友達から少し面倒なお願いの
メッセージが届きました。
断りたいけれど、返信は……?

相手を不快にさせない文を
よく考えてから返信する ☞Q5へ
とりあえず「考えておく」と返信。
内容はあとで検討する。
☞Q6へ

Q4

中世から現代までの絵画を網羅した
大美術展が開催されるとします。
あなたが最も時間をかけて
見て回りたいのはどっち?

中世の宗教画
☞Q7へ
現代アート
☞Q8へ

Q5

初対面の人が集まるオンライン
飲み会に誘われました。カメラの
背景を好きなものに変えられますが、
次のふたつならどっち?

花畑や、おしゃれなインテリア
☞Q8へ
星空や草原 ☞Q9へ

Q6

家電や生物でないものを
擬人化するのは好きですか?

はい。家電や小物に名前をつけて
呼んだりする。☞D typeへ
いいえ。擬人化するとしても、
動植物など命があるものが多い。
☞Q10へ

Q7

「天使」「女神」という言葉から
どちらを想像しやすい?

アイドルや女優
☞D typeへ
宗教や古代文明
☞C typeへ

Q8

頭の中にある言葉が
目の前の本やテレビに現れるなど
シンクロニシティ(意味ある偶然の
一致)が起こりやすいほう?

はい。わりと偶然は多いほう
☞C typeへ
いいえ。たまにしか起こらない
☞A typeへ

Q9

宇宙旅行が現実的になって、
訓練も費用の心配もないとしたら?

すぐに申し込む
☞ A typeへ
体の負担や準備することなど、
よく調べてからにする
☞ B typeへ

Q10

ふいに目に入ったキャッチコピーや
耳にした歌詞に心をつかまれ、
泣きそうになることは多いですか?

いいえ。あまりない
☞ B typeへ
はい。よく泣きそうになる
☞ E typeへ

A type

のファーストデッキには
天使・女神系
をおすすめ

B type

のファーストデッキには
幻想絵・精霊系
をおすすめ

C type

のファーストデッキには
宇宙・自然系
をおすすめ

D type

のファーストデッキには
動物・植物系
をおすすめ

E type

のファーストデッキには
抽象画・
幾何学模様系
をおすすめ

A type
のあなたとの出会いを待つ
天使・女神系デッキ

「天使」や「女神」という言葉に、美しさと尊いものを感じ、
素直にメッセージに耳を傾けられるあなた。
たくさんの天使や神様と親しくなり、味方を増やしていきましょう。

ANGEL PRAYERS ORACLE CARDS
[エンジェルプレイヤーオラクルカード]

AKO おすすめ

BACK

SPEAK YOUR TRUTH
Archangel Gabriel

*Thank you Gabriel for helping
me to speak with integrity.*

著者：カイル・グレイ

パワフルで現代的な天使の絵柄が特徴的。「本当のことを言う」（左）や「音楽に親しもう」（上左）など、メッセージがわかりやすく、入門用としてもおすすめ。あなたの周りにいる天使の知恵とサポートを活用するのに役立ちます。🈓A

BOX

14

ENERGY ORACLE CARDS
[エナジーオラクルカード]

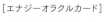

著者：サンドラ・アン・テイラー

エネルギーの状態を表す人物、風景、大天使、天使で構成。「第4チャクラ：大天使ラファエル」（左）など、7つのチャクラとそれを司る大天使のカードがユニーク。解説書にはカードごとにアファメーション（ポジティブな宣言）を記載。🈁A

BOX

ANGEL PRISM CARD
[エンジェルプリズムカード]

BACK

著者：奥田みき

画家である著者が、天使から受け取った虹の光のメッセージを、一筆一筆に祈りを込めて描き出した44枚。光の糸を幾重にも織り込んだような美しいイラストには、四大元素（火・地・風・水）、季節、シンボルなど、さまざまな意味が。🈁F

BOX

GODDESS POWER ORACLE
[女神のパワーオラクル]

BACK

著者：コレット・バロン＝リード

幻想を司るヒンドゥーの女神マヤ（左）、愛と美の女神アフロディーテ（上左）、勝利の女神ニケ（上右）など神話や物語で知られるさまざまな女神が描かれた52枚。美しいアートワークから、しなやかで力強いパワーを取り入れて。🈁A

BOX

B type
のあなたとの出会いを待つ
想像上の生物・
精霊系デッキ

幼い頃からユニコーンやマーメイドはあなたのそばに
いたのでしょうか。想像上の生き物、伝説の大陸や建物など、
幻想的な絵柄でイメージが広がる感性を持つあなたにはコレ!

ORACLE OF THE FAIRIES
[オラクルオブザフェアリー]

AKO
おすすめ

BACK

著者 : カレン・ケイ

フェアリー・レディとして
知られる著者の作品。願望
を実現するときに強い力を
発揮すると言われる妖精た
ちが、あらゆる質問に答え
てくれます。美しい妖精た
ちと生活に役立つ実践的な
メッセージが魅力的な汎用
性の高い全44枚。 A

BOX

THE ENCHANTED MAP ORACLE CARDS
[ザ・マップオラクルカード]

著者：コレット・バロン＝リード

「人生の旅」がテーマ。美しく、メッセージ性の高さは文句なし。「進歩するためのメッセージを」などと聞き、1枚引いて楽しむ感じにピッタリです。あなたを導く地図になってくれるはず。タロットカードのような逆位置の解釈もあり。🏷A

BOX

MYSTICAL SHAMAN ORACLE CARDS
[ミスティカルシャーマンオラクルカード]

BACK

著者：コレット・バロン＝リード、アルベルト・ビロルド、マルセラ・ロボス

著名なヒーラー3人が、精霊や自然界の声を聴くことができるシャーマンの知恵を64枚に集結。「聖なる輪」という意味のメディスンホイール（左）など、古代から伝わるシンボルのカードが幻想的。🏷A

BOX

ORACLE OF THE MERMAIDS
[マーメイドオラクルカード]

BACK

著者：ルーシー・キャベンディッシュ

幸せな恋をしたい、真の愛を得たいと感じるときはこちら。美しく官能的なマーメイドが描かれた45枚のカードが伝えるのは、愛やロマンス、癒やしのメッセージ。あなたが愛と喜びに満ちた日々を送る方法を教えてくれます。🏷B

BOX

C type

のあなたとの出会いを待つ
宇宙・自然系デッキ

人間に近い姿の天使や感情が読み取りやすい生物もいいけれど、
吸い込まれそうな月や銀河、地球の力を感じたいあなたには、
こちらのタイプ。求心力のあるパワーストーンも試して。

NATIVE SPIRIT ORACLE CARDS
[ネイティブスピリットオラクルカード]

AKO
おすすめ

BACK

SPIRIT OF EARTH

著者：デニス・リン

自然界のスピリットを感じ
られるデッキ。広大な大地、
山、海、川、谷などに太陽
や月の光が差す風景は、ま
るで大自然に魂を飛ばす気
分。見るだけで地球のパワー
を感じられます。解説書で
は夢やシンクロニシティの
解釈の仕方も紹介。 A

BOX

SACRED DESTINY ORACLE
[セイクレッドデスティニーオラクル]

COMMUNITY

著者：デニス・リン

自然や生物などを組み合わせた幻想的な
イラストが全52枚。カードに描かれた神
聖な風景には、いくつものメッセージが
詰まっていて読み応えあり。解説書もわ
かりやすいと評判。自然があなたを癒や
し、新たな視点を与えてくれます。📖A

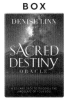

MOONOLOGY ORACLE CARDS
[ムーンオロジーオラクルカード]

Emotions are running high!
Supermoon

著者：ヤスミン・ボーランド

月の満ち欠ける姿と12星座を組み合わせ
た全44枚。ガイドブックには月のエネル
ギーについての解説など、カードを読み解
く手掛かりがたくさん。月の美しいイラ
ストは瞑想前のリーディングにも最
適。西洋占星術好き、天文好きの人に。📖A

DAILY CRYSTAL INSPIRATION
[デイリークリスタルインスピレーション]

angel aura quartz
LIGHTEN UP

著者：ヘザー・アスキノジー

地球の大自然が生み出したクリスタルが
主役。「デイリー」という名の通り、毎
日のセルフリーディングにピッタリ。シ
ンプルなアートワークとメッセージで、
初心者におすすめ。他のデッキと組み合
わせて補助的に使うのも◎。📖A

D type
のあなたとの出会いを待つ
動物・植物系デッキ

同じ星に住み、癒やしを与え合う生き物の仲間たち。
二酸化炭素と酸素の循環系で、生かし合う植物と人間。
身近な動植物を愛するあなたなら、親しみを覚えるはず。

THE SPIRIT ANIMAL ORACLE
［スピリットアニマルオラクル］

AKO
おすすめ

BACK

著者：コレット・バロン＝リード

鳥、虫、魚など、華やかに着飾った自然界のさまざまな生き物が全68種。古代の人々があらゆる生き物のスピリットから物事の状況を推測していたように、このカードはあなたが今必要としている実践的なメッセージを届けてくれます。📖A

BOX

CAT GURUS
[キャットグルカード]

BACK

CHESHIRE CAT

Smile and you can get away with anything. Don't be afraid to go down the rabbit hole. Always read the label.

著者：リズ・ファーバー＆キャロライン・ロバーツ

『不思議の国のアリス』に出てくるチェシャ猫（左）や、モード界の帝王と呼ばれたデザイナー故カール・ラガーフェルドの猫（上左）、アンディ・ウォーホルのシャム猫（上中）など、世界中の個性豊かな猫たちがキュートなカードに。📖 A

BOX

FLOWER MESSAGE ORACLE CARD
[フラワーメッセージオラクルカード]

BACK

Rose

著者：沁

「心に花を咲かせる」がコンセプト。可憐な花のイラストと優しい励ましの言葉が、心を癒やし、自分を大切にできるよう導いてくれます。カードには花言葉も記載されているので、使ううちに自然と花への知識が身につくのも嬉しい。📖 G

BOX

HANAMANDALA CARDS
[花曼荼羅®カード]

BACK

▽PERILLA▽

EARTH 6. ～VISION～

著者：岡安美智子

花や自然の持つパワーを幾何学模様に。万華鏡のような対称的な絵柄ながらも、実際の植物という親しみやすさ。フラワー風水を展開する幸運研究家の作品。全32枚で絵柄を覚えやすく扱いやすいでしょう。📖 H

BOX

花曼荼羅カード
HANAMANDALA CARDS

E type
のあなたとの出会いを待つ
抽象画・
幾何学模様系デッキ

数字や文字といった人間が生み出した記号に、
不思議な結びつきやシンクロニシティを感じる深い思考のあなた。
抽象的な図形が描かれた、これらのデッキに挑戦してみて。

PATH OF THE SOUL
DESTINY CARDS
[パスオブザソウル 運命のオラクルカード]

BACK

AKO
おすすめ

著者：シェリル・リー・ハーニッシュ

葉脈や貝殻、雪の結晶など、
一部分の繰り返しが全体を
作るフラクタル図形をアー
トに。独創的な色使いなの
で、カラーセラピーや、チャ
クラの色に対応させたヒー
リングワーク、自己分析の
ワークなどを行ってみても
いいでしょう。問A

BOX

36

AKASHIC RECORDS CARDS
[アカシックレコードカード]

BACK

著者：ゲリー・ボーネル

個人の転生や魂の情報が記録されているという「アカシックレコード」につながることを手助けしてくれるカード。潜在意識のエネルギーを描いたシンボルが印象的。進むべき方向性や将来のビジョンを見いだすことができます。🏛 B

BOX

THE SOUL'S JOURNEY LESSON CARDS
[ソウルズジャーニーレッスンカード]

BACK

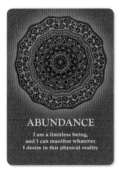

著者：ジェームズ・ヴァン・プラグ

眺めるだけでパワーを感じるカラフルなマンダラアートはすべて手描き。ぬくもりがあり、それでいて力強いエネルギーを感じることができます。好きな色のカードを直感で選んで、メッセージを受け取る方法もおすすめ。🏛 A

BOX

BHAGAVAD GITA CARD
[バガヴァッドギーターカード]

BACK

著者：向井田みお

ガンジーが心の糧にしていたというインドの権威ある経典「バガヴァッドギーター」を、ヨガ哲学に精通した著者がカード化。アフリカン調の絵柄がインパクト抜群。経典を読み解かずともヨガ哲学の教えを学ぶことができます。🏛 B

BOX

Healing You

オラクルの世界に浸って……
励まし・癒やしのデッキ

オラクルカードの幻想的な絵に魅力を感じる人も多いはず。
頑張っているあなたに、励ましや癒やしのメッセージを与えてくれる
デッキを紹介します。美しいアートワークを日々の生活に取り入れて。

WISDOM OF THE ORACLE DIVINATION CARDS
［ウィズダムオラクルカード］

AKO
おすすめ

BACK

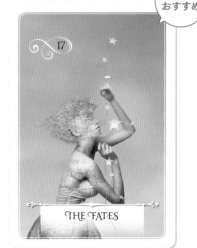

著者：コレット・バロン＝リード

タロット、北欧のルーン文字、易経などさまざまな占いを取り入れて作られた作品。人間関係、仕事、現状の理解を深めて問題に対処したいときなど、人生のあらゆる局面を乗り越えるためのヒントが、52枚のカードに詰まっています。問A

BOX

THE ORACLE FROM UNIVERSE
[ユニバーサルオラクルカード]

BACK

著者：エレマリア

天と大地のエネルギーを繋げ、魂を輝かせるためのデッキ。聖母マリアや瀬織津姫など、神話に出てくる女神たちが描かれた44枚のカードは、宇宙からハートに響くメッセージを愛とハッピーオーラとともに届けてくれます。📖 B

BOX

GATEWAY ORACLE CARDS
[ゲートウェイオラクルカード]

BACK

著者：デニス・リン

毎晩の夢、不思議な出来事、気になるシンボル……。日常に散らばる神秘の世界からのサインの意味を紐解くことができるデッキ。あなたに秘められた可能性や取るべき行動を教えてくれます。解説書には夢の解釈も記載。📖 A

BOX

A YOGIC PATH
[ヨギックパス]

BACK

著者：サハラ・ローズ

神々の伝承や呪術が記された、インド最古の聖典ヴェーダにインスピレーションを得て制作。自分の新たな一面に気づき、どのように受け止めるかのヒントをもらえます。自分自身と向き合い、最高の自分に近づきましょう。📖 A

ORACLE OF SHAPESHIFTERS
[シェイプシフターオラクルカード〈ブルー・エディション〉]

BACK

著者：ルーシー・キャベンディッシュ

シェイプシフターとは、かつてシャーマンや魔女に仕えたという使い魔。不思議な力を使ってさまざまなものに変身した姿が、ダークかつキュートに描かれています。変化を望む時にはパワフルなメッセージを伝えてくれるでしょう。🈂️B

BOX

SOUL COACHING ORACLE CARDS
[ソウルコーチングオラクルカード]

BACK

著者：デニス・リン

「魂の声」を聴くことで、自分の本当の気持ちや望みを知りましょう。52枚のシンプルかつ穏やかなイラストのカードを使うことで、心が安らぎます。あなた自身の魂との交流を、前向きなメッセージで優しくサポートしてくれるでしょう。🈂️A

BOX

PTOLEMAEUS'S ASTROLOGY ORACLE CARDS
[プトレマイオス式　星座オラクルカード]

BACK

著者：鏡リュウジ

天文学者プトレマイオスが記した12星座を含めた48の星座。神秘的で美しく、見ているだけで癒されます。シンプルで分かりやすい星の神々からのメッセージは、あなた自身の道を進めるように、決意を後押ししてくれるはず。🈂️D

BOX

WORK YOUR LIGHT
ORACLE CARDS
[ワークユアライトオラクルカード]

△

PILLAR OF LIGHT

Your vibration is rising. You are the oracle.

著者：レベッカ・キャンベル

ピンクとライトブルーを基調とした現代的なコラージュ風アートワークが想像をかきたてます。「確認」「質問」「行動」「活性化」「伝達」と5種類のスート（グループ）で構成されているので、スートごとに分類して使うのもおすすめ。🕮A

BOX

SPELLCASTING
ORACLE CARDS
[スペルキャスティングオラクルカード]

AKO
おすすめ

BACK

DREAMS

著者：フラビア・ケイト・ピーターズ、
バーバラ・ミクルジョン＝フリー

「魔法」という言葉を聞いただけでワクワクする人にぴったりのデッキ。古代から伝わる、自然を操る魔法の知恵が含まれたメッセージと呪文。それを受け取ることで、願望を魔法のように実現する手助けをしてくれます。🕮A

BOX

Give Me Advice

具体的に助言が欲しいとき
答えを指し示す デッキ

あなたが抱えている悩みに寄り添った、
具体的で明確なアドバイスを与えてくれるデッキです。
イエス・ノーでは簡単に答えられない悩みがあるときにも！

POWER STONE ORACLE CARD PREMIUM

[パワーストーン・オラクルカード・プレミアム]

BACK

AKO
おすすめ

著者：森村あこ

ストーン・セラピストでも
ある本書の著者が、レアス
トーンを中心に選んだ60
種の石のデッキ。カード自
体に解説文が書かれている
ので、すぐにメッセージを
受け取れます。カードを持
ち歩いて石のパワーをお守
りにするのも◎。問C

BOX

THE UNIVERSE HAS YOUR BACK
[ユニバースハズユアバックカード]

BACK

著者：ガブリエル・バーンスティン

宇宙を連想させる水彩画のようなイラストに手書き風のメッセージが目を引くアートワーク。励ましの言葉や問いかけを受け取ることで、気持ちがはっきりし、直感力が高まります。宇宙とともに愛にあふれた人生を歩みましょう。🏛 A

BOX

THE PSYCHIC TAROT ORACLE DECK
[サイキック・タロット・オラクルカード]

BACK

著者：ジョン・ホランド

タロットをもとに制作。タロットの要素や数秘術の観点などからカードの意味を読み解くことで、恋愛、人間関係、仕事、転職など、人生のあらゆる分野で最善の結果を得るためのベストな方法を知るのに役立ちます。🏛 A

BOX

SYNCHRONICITY CARD
[シンクロニシティカード]

BACK

著者：FUMITO、LICA

天使たちからのメッセージカード33枚と心のエネルギーの色を示すカラーカード11枚（計44枚）で構成。2種類のカードを同時に引くと、同期した組み合わせが浮かび上がり、希望と勇気あふれるメッセージを受け取れます。🏛 I

BOX

DRAGON GOD CARDS
[幸せと豊かさへの扉を開く 龍神カード]

BACK

著者：大杉日香理

カードに書かれているアドバイスを実践
すると、龍神たちが人生を発展させるた
めのサポートをしてくれるので、嬉しい
変化がすぐに起こります。食べ物やアイ
テムでの開運法も解説書にあるので、日
常に取り入れやすいのも魅力。🕮 D

BOX

GOD AND GODDESSES OF JAPAN
[日本の神様カード]

BACK

著者：大野百合子

『古事記』に登場する天照大御神や伊邪
那美命（左）など、日本の神々を描いた
49 枚のカード。著者が実際に神社に訪
れて制作。「自分の中の疑いに勝てるよ
うに私が助けましょう」など、頼もしく
サポートしてくれます。🕮 B

BOX

GALACTIC ROOTS CARDS
3RD EDITION
[ギャラクティック・ルーツ・カード・サードエディション]

BACK

著者：リサ・ロイヤル

銀河のルーツや時間概念で「魂の旅」を
表している 108 枚のカード。付属の冊
子では、銀河の枠組みやエネルギーにつ
いても解説。あなたの人生パターンや、
まだ意識していない可能性に気づくため
のガイドを示してくれます。🕮 E

BOX

DR. CHUCK SPEZZANO'S SELF THERAPY CARDS

[Dr.チャック・スペザーノのセルフ・セラピー・カード]

BACK

AKO
おすすめ

33
FREEDOM

GIFT
自由

著者：チャック・スペザーノ

心理学者でセラピストの著者が開発した、治療学的にも癒やし効果が高い48枚。ぬくもりのある優しいタッチのイラストながらも、「復讐」や「犠牲」（上左）、「無価値感」（上中）など、深刻なテーマにしっかりと寄り添ってくれます。問E

BOX

THE SACRED SELF-CARE ORACLE

[セイクレッドセルフケアオラクル]

BACK

3 • Aromatherapy

著者：ジル・パイル

自分自身を大切にするための55種類のセルフケア方法を提示。「アロマテラピー」（左）、「入浴する」（上中）など、キュートに描かれた具体的なメッセージが楽しい。あなたのマインド、ボディ、スピリットを育むインスピレーションに。問A

BOX

インターネットで
オラクルカードをお試し

オラクルカードを選ぶときに、さまざまなウェブサイトをチェックするのもひとつの方法です。実店舗では、ほとんどのオラクルカードデッキはパッキングされているため、箱に描かれているもの以外にどんな絵や言葉があるのかわかりません。ですが、ウェブサイトでは（著作権の関係ですべてではないものの）相当の枚数を見ることができるのです。

例えば、オラクルカードのリーディングをしている人のSNSや動画サイト。また、カードを扱う通販サイトなどでも、主要なカード画像がアップされています。

制作会社によっては、取り扱っているカードデッキを使ってリーディングができるアプリを公開しています。アプリでは各カードの絵柄はもちろん、カードの解説も掲載。オリジナルスプレッド（展開法）なども紹介され、オラクルカードを始めたばかりの人も楽しめるつくりになっています。

インターネットがライフラインの中心となっている現代だからこそ、オラクルカードを選ぶときにも、大いに活用してください。

CHAPTER

2

オラクルカードって
どんなもの？

美しい絵柄やメッセージがイマジネーションを刺激して
インスピレーションをもたらすオラクルカード。
オラクルカードはあなたの心や内なる意識との対話を可能にする
ツールでもあります。オラクルカードを通して知ること、
そして感じることには、あなただけの意味があることでしょう。

オラクルカードの
魅力

　多くの人を魅了するオラクルカード。その形式はさまざまで、カードによってテーマ性や世界観が大きく異なります。天使や妖精などの架空の存在や、ユニコーンやペガサスなどの空想上の生物、または猫やハーブなど動植物、曼荼羅や惑星、鉱物など、モチーフも多種多様です。

　90年代から増えてきたオラクルカードですが、最初はシンプルなメッセージのものだけであり、今ほど多くの種類はありませんでした。日本では21世紀に入ってから、幅広い層に親しまれるようになったのです。オラクルカードのメッセージ性には「おみくじ」のような側面があり、さらに魅力的な絵柄もついているということで、日本人に広く受け入れられています。西洋では、聖書を使って占うビブリオマンシー（ランダムにめくったページからメッセージを受け取る書物占い）の現代的なアレンジがルーツともいわれています。

「オラクル（oracle）」とは、神託やお告げを意味する言葉であるように、オラクルカードは天からのメッセージを受け取ることが目的です。市販されているオラクルカードの多くは40〜50枚ほどのカードと短い解説がついており、自分でも占えるようになっています。自分だけにわかるカードとの対話を行えることが、一番の魅力ではないでしょうか。

バラエティあふれる形、サイズ

　さまざまな形やサイズがあるのもオラクルカードの魅力。名刺サイズのものから手のひらほどのサイズのもの、本書『いちばんやさしいオラクルカードリーディングの教科書』と同じくらいの大きさのものも！　さらに長方形だけでなく、丸やハート型など、その世界観に沿った形のものもあり、実にバラエティ豊か。細蜜画もあれば、抽象画、写真をコラージュしたものなど、タッチも多種多様。眺めるだけで何時間もたってしまうでしょう。その中からひとつだけ選ぶのは難しく、気がついたら、ちょっとしたコレクションになっていた……なんていうことも。

豊富なメッセージで、
1冊の物語を読んでいる気持ちに

　形やサイズだけではなく、そのカードに書かれているメッセージがそれぞれ違うのも特徴。単語だけが書かれているものもあれば、単語の下にそのイラストにかかわる物語や、制作者からのメッセージが書かれているものも。日本神話やインド神話を題材にとったカードもありますから、カードを1枚1枚読んでいくと、ちょうど1冊の物語を読んでいるような気持ちになるでしょう。

　また、オラクルカードはたいていのジャンルに対応できるようになってはいますが、最近では「恋愛について」「豊かさについて」などと特定のジャンルにかかわるメッセージを書いたものも見られるようになりました。

タロットカードとは
まったく違うもの

〜〜〜〜〜〜

　よく「オラクルカードとタロットカードはどう違うのですか?」と聞かれます。どちらもイラストの描かれたカードではありますが、ふたつはまったくの別物です。

　タロットカードは、もともとトランプのスート（スペード・ハート・ダイヤ・クラブのマーク）をゲームに用いたのがはじまりとされています。「大アルカナ」と呼ばれる 22 枚と「小アルカナ」と呼ばれる 56 枚の計 78 枚組が基本。一見オラクルカードと似て見えるかもしれませんが、タロットカードの絵柄は、どれもたくさんの決まりに沿って描かれた寓意画です。絵柄も枚数も自由度が高く、製作者の意図や世界観をそのまま反映するオラクルカードとは似て非なるものなのです。

　けれども、「タロットカードは枚数が多くて覚えにくい」「内容が難しくてハードルが高い」という人たちが、オラクルカードでカードの読解（リーディング）力を身につけてから、タロットカードを学ぶというケースはよくあるようです。オラクルカードの豊富な世界観に慣れていくなかで、より複雑なイメージも読み解けるようになっていけるのでしょう。そういう意味では、カードリーディングのファーストステップとして、オラクルカードは手に取りやすいと考えられます。

また、オラクルカードのメッセージは、想像力やインスピレーション、感受性を高めてくれるものですから、カードを使うことで元気になっていけるでしょう。

オラクルカードには、ほかにもこんな特徴があります。

吉凶を占うものではありません

タロットカードには不吉な印象を受けるカードもありますが、オラクルカードは基本的に吉凶を占うものではありません。

人を罰するカードはありません

一見、厳しく感じるメッセージも、何かを罰するのではなく、より良い方向へ導くために必要なメッセージなのです。

何かを否定したカードはありません

「これはしたらダメ」「この人とは別れなさい」といったメッセージはありません。やらないほうがいいことは、自分自身がすでに知っています。カードは、それを気づかせてくれるだけです。

人を不安にさせるカードはありません

暗くて怖そうなカードを引いても、落ち着いてメッセージを読み取って。そこには明るくポジティブな神託が示されているはずです。

いつでも、どこでも、どんな悩みも受け止める

悩みができたとき、オラクルカードを1枚引いて、そこに描かれている絵、キーワードからメッセージを読み取っていく。これが、リーディングの基本的な占いスタイルです。とても手軽で、特別な知識がなくても楽しめるように作られているので、実は「今日のランチは何にしようかな？」といった日常のちょっとした困りごとにも即対応。それでいて、人間関係や仕事、将来などのシリアスな問題にも的確なメッセージをくれる、とても懐の広いアドバイザー、経験豊富な親友のような存在がオラクルカードです。

手に入れたら、次のようなときにめくってみてください。

どれを選ぶか迷ったときに

いくつかの選択肢がある中で、自分にとってベストの道を選びたいときは、シャッフルとともに尋ねてください。その時に、例えば「Aを選ぶことで何を得るのでしょうか」「Bを選ぶことでの学びは何でしょうか」といった、疑問形であっても能動的な聞き方が大切です。選択することで何が待っているかをカードが示してくれるでしょう。＊P62〜「質問の立て方」も参考にしてみましょう。

どうすればいいか分からないときに

　ひとつの物事に取り組んでいて壁にぶつかったとき、「思ったように仕事が進まない」「進展が見えてこない！」というときにも、カードを引いてみましょう。「こんなふうにしてみたら」と、どう行動するといいかを教えてくれます（もちろん、「今は何もしないこと」というメッセージとなるケースもあります）。どう動くかがわかると、心の重荷がとたんに軽くなるはず。

理由がわからないときに

　うまくいかなかった理由を知りたいときも、カードに尋ねてみましょう。あなたに足りなかったものが何か、カードは優しく教えてくれますから、それを足掛かりに再チャレンジしてみるのもあり。ただ、ここで絶対にしてはいけないのは「犯人さがし」。失敗を誰かのせいにするのは占いのご法度です。

勇気、自信が欲しいときに

　新しいことを始めるときや、自分が何をすればいいのかわかっているのに、なかなか最初の一歩が踏み出せないときがあります。勇気が出ない、うまくいくか自信がないときにもカードを引いてください。背中を押してくれるメッセージをもらえるでしょう。また、大切なイベントがある日の朝に「今日の自分へのアドバイス」として１枚引くと、より前向きにその日を過ごせます。

オラクルカードに
聞いてはいけないこと

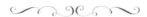

オラクルカードでは、基本的に何でも占えます。ただし、オラクルカードに限らず、占ってはいけないことも存在します。

人の寿命、生死にかかわること

オラクルカードのメッセージは前向きに生きるためのもの。死期や生死にかかわる災害について、明確な答えは得られません。

誰かを犠牲にすること、不幸にする内容

誰かの不幸の上に成り立つ幸福は、真の幸福ではありません。前向きな人生を送ることもできませんから、答えは得られません。

犯罪にかかわる内容

人としてやってはいけないのはもちろん、占いとしてもやってはいけません。カードも質問に答えてくれない可能性が大。

病気の治療法をアドバイス

法律的に問題があります。病気の診断や治療は医療の範ちゅうであり、医師免許を持たない人のすることではありません。

カードの浄化方法

〜オラクルカードは敏感〜

　人の思いを受け止めるオラクルカード。エネルギーにとても敏感ですから、必要に応じて浄化をしましょう。例えば、リーディングした後、自分以外の人がカードを触ったときは必ず浄化をしてから片づけて。新しくカードデッキを手に入れたときでも、製造や配送過程で負のエネルギーを吸収している場合があります。友人から譲られたときも「自分のもの」とする意味も込めて浄化を。正しくリーディングしても自分の心に沿ったメッセージが出ないことが続くときは以前の質問のエネルギーが残っているのかも。浄化してリセットを。おすすめの方法を以下に紹介します。

1 染み込んだエネルギーを浄化する

　浄化力が高いといわれるハーブ「ホワイトセージ」を燻し、煙にカードを潜らせてスマッジング（浄化）。水晶クラスターや浄化用クリスタルの上にカードを一晩置いてもいいでしょう。

2 自分のエネルギーを注入する

　カードを束から1枚ずつ抜いて触れ、エネルギーを注入するイメージを思い描きましょう。全カードに触れ終えたら、絵柄を自分に向けて扇型に広げて胸の前で持ち、挨拶、感謝、伝えたいことなどを思い浮かべます。これで浄化は完了です。

心の奥底から
本当の自分を引き上げて

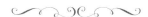

　オラクルカードリーディングで大切なのは「感覚」。カードに描かれた絵を解釈するのではなく、絵や言葉が目に飛び込んできたときにどう感じたかを言葉にするのが、大前提です。

　ここで生まれる感覚とは普段、心の奥底に押し込めている「こうありたい」「こうしたい」という本当の気持ちや欲求の現れ。リーディングとは、そうやって誰も気づいていなかった思いを、カードによってすくい上げていくことです。オラクルカードは、「本当の自分の気持ち」を明るいところへと引き上げるのに最適なアイテムといえるでしょう。こうやって本心をきちんと自覚することは、充実した人生を送る第一歩です。

解説書は参考にする程度でOK

　リーディングで何よりも大切なのは、絵を見た瞬間のひらめき、感覚を大切にする姿勢。最初の頃は、ひらめきで得たメッセージが解説書と違うと「自分は間違っている」と思いがちです。でも、解説書はあくまでもカード制作者によるひとつの読み方にすぎません。あなたをよく知るあなた自身の中に生まれた感覚が、リーディングでは正解。解説書は参考にする程度でいいのです。

さまざまな可能性を発見できる

　制作者の世界観が反映されているオラクルカード。リーディングで、たくさんのカードデッキに触れれば触れるほど、より多くの"世界"をのぞくことができるでしょう。カードリーディングは、ある意味、旅の一種なのかもしれません。

　旅で得られるものはさまざまですが、リーディングの場合は「自分はこんなこともできるんだ」という可能性への気づきがあります。私たちは、習慣や人づき合いの中で、無意識のうちに「こんなことはできない」と、夢や希望、可能性を押し込め、そのまま忘れてしまいがち。それは不満や不安の多い日々につながりやすいのです。カードリーディングを通して、そうした夢や希望、可能性を再発見するのは、現在抱えている不安や不満解消の第一歩。オラクルカードは、あなたが満足のいく人生を送るための背中を押してくれる存在でもあるのです。

次々と質問して自分を深掘り

　自分自身をリーディングしていくときには、1枚のカードをリーディングして、そのときに浮かんだ質問に対してもう1枚引く。さらに、その質問で別の質問が生まれたら、また1枚引いていく、といった具合に次から次へとカードをめくる方法がおすすめです。1枚のカードをじっくり読んでいくのもいいのですが、それだと「この読み方は違う」と感覚でのリーディングを否定してしまう可能性も。スピーディーに読んでいくことで、リーディングで大切な「感覚を優先させる」状態を身体に覚えさせましょう。

複数のカードデッキでの
リーディングもできる

〜〜〜

　デッキとは、カードの1セットの束のこと。たいていは1デッキでリーディングをしますが、オラクルカードの場合は、違うカードデッキを組み合わせて使うこともできます。複数のデッキを使うということは、ひとつのデッキを使った場合より、心の奥底にある本心をキャッチし、引き揚げるアイテムが増えるということ。より、自分の心が満足する行動ができるようになるでしょう。

　なお、このように複数のデッキを使う場合、各1枚しか引かないワンオラクルよりも、各2枚以上引くのがおすすめ。結果やアドバイスに至るまでの起承転結が生まれ、より深く自分自身を読み解いていけます。

違うトーンのデッキを組み合わせて

　ただ、複数のデッキを組み合わせる場合は、モチーフが同じもの、同じようなメッセージが書かれているものは避けたほうが無難。トーンが一緒のカードだと、同じようなメッセージが続いてしまうケースもあります。それぞれのカードデッキの背景、特徴を把握しているとニュアンスの違いを把握して、精密なリーディングができます。慣れてきたら挑戦してみましょう。

友達の悩みを
解決するヒントもくれる

　自分を対象にしてリーディングをしたら、今度は友達をリーディングするのもおすすめです。自分のことでないので難しいと思うかもしれませんが、基本はセルフリーディングと同じ「カードの絵から感じたことや印象を、言葉にして伝える」だけです。

　なお、リーディングをする際に自分自身を「無」にすることが大切。「（相談者にとって）いいカードが出るように」と思うのはNG です。カードは敏感ですから、こうした思いをキャッチして、直感をくもらせてしまうでしょう。カードをシャッフルしながら「自分が期待することではなく、必要とするメッセージを教えてください」と祈るといいでしょう。

「何か聞きたいことはある？」
のひと言を

　なお、カードリーディングが楽しくなってくるとやってしまいがちなのが、頼まれてもいないのにリーディングすること。どんなに相手を思ってのことでも、これは相手の心に土足で踏み入る行為です。リーディングをするときには「何かリーディングして欲しいことはある？」と、ひと言尋ねるのがマナーです。

目標再設定の強い
味方になってくれます

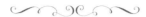

　自分の本当の思いに沿わない目標を立てていると、無意識のうちにペースダウンしたり、場合によっては後退してしまったりすることがあります。また、ひとつのプロジェクトが終了して、次に何をすればいいか見えてこないため、うつうつとした日々を過ごすこともあるでしょう。

　本当の願望に気づかせてくれるオラクルカードは、そんな八方ふさがりな状況を打ち破る、強い味方となってくれます。「充実した人生を送るために、今、自分が目指すべきことは？」と問いかけて、カードを引いてみましょう。つまり「目標の再設定」をするのです。そうやって見えてきたものを目指して行動を起こせば、物事はスムーズに進んでいくでしょう。

「今日のアドバイスカード」を引く

　手応えのある毎日を過ごしたいというときにもオラクルカードは力になってくれます。毎朝、「今日を充実した1日にするのに必要なことを教えてください」と祈って、1枚引いてみましょう。そこで出たメッセージをどのような形で実行するか、意識しながら過ごすことで、その日は文字通り充実したものになります。またカードへの理解も深まるでしょう。

さらに日常生活でカードが目に入る回数を増やすことで、目標を意識する機会が増え、充実した1日を過ごすことができるようになります。また、オラクルカードを使って願いを叶える力を高めたい人はこちらに紹介する方法を試してみましょう。

「おまもり」として持ち歩く

　メッセージが書かれたオラクルカードには、言霊（ことだま）のパワーもありますから、「おまもり」のように毎日持ち歩くのもおすすめです。自分の願いや悩みに合ったカードを持ち歩けば、願望実現に向けて、あなたをサポートしてくれるでしょう。

インテリアとして取り入れる

　美しいアートワークのオラクルカードは、1枚の絵画として楽しむことができます。お気に入りのカードは、カードスタンドに立てるなどして、部屋のインテリアにしたり、仕事のデスクに飾ったりしてもいいでしょう。

ライフスタイルに取り入れる

「今日のアドバイスカード」として引いた1枚を手帳にはさんで持ち歩いたり、心に響くメッセージが書かれたカードをスマホケースに入れたり、好きな絵柄のカードは撮影してスマホやPCの壁紙にしたり。日常に自由に取り入れて楽しんでみてください。

日本語解説書のない
カードは読みにくい？

　海外のデッキはやはり魅力的。ところが、パッケージや開封動画に惹かれて手に入れたはいいものの、日本語解説書がついていなかったりすると戸惑うことがありますね。英語やその他の言語のみだったり、絵柄に見慣れないものが出てきたり……。「語学力が必要？」「キーワードや絵の意味がいまいち分からない」と思うと、せっかく出会ったのに死蔵カードになりかねません。

　最初は日本語解説書つきのデッキがおすすめですが、慣れてきたらこだわらず、ピンときたものを選んでいいと思います。単語を翻訳したり、絵の中のアイテムを画像として検索したりすることも、ネットでできますし、謎解きの感覚でカードに挑むのも楽しいことでしょう。

　そうやって、折に触れて調べることで、新たな気づきを得ることもありそうです。あなたなりのキーワード辞典が出来上がるかもしれません。外国語や海外の文化に詳しい人に教えてもらえば、よりその人と親しくなれるといったうれしいこともありそう。海外のカードで、あなたの引き出しをどんどん増やしていってはいかがですか？

CHAPTER

3

オラクルカード
占いの基本

迷っているあなたの背中を優しく押し、導いてくれるオラクルカード。
「メッセージを読むなんて難しそう」などと考えていませんか?
基本を押さえれば、どんどん自分のものにしていくことができ、
リーディングが楽しくなっていくでしょう。
そのポイントを、ここでお伝えしていきます。

カードを
「読んで」いきましょう

　本書はカードで吉凶を判断するのではなくカード「リーディング」、すなわちカードを「読む」という言葉を使っています。あなたが手にしたカードに文字として書かれているメッセージを「読む」、そして描かれている象徴を「読む」。それがオラクルカードリーディングです。

直感力を働かせる

　カードを引いたら、そこにあるカード名、キーワード、メッセージを見てください。その内容はあなたの悩みや疑問の解決に、すぐには結びつかないかもしれません。そこで大切なのが直感力。なぜそのカードを自分が引いたのか、ということを感じながら、繰り返し連想していくと、次第に思い当たること、カードが伝えようとしていることが分かってきます。

何枚引いても大丈夫

　何枚引いても大丈夫なのがオラクルカード。一問一答が基本ですが、時には「この質問には3枚引こう」とシャッフルする前に枚数を決めておくのもいいでしょう。

リーディング感度を上げるには

自分の直感力を信じても、最初のうちはメッセージの真意が読めない場合も多いもの。そこで、次のようにして感受性を高めていってください。

1 天使や神様を心から感じてみる

　天使や神様といった"高次の存在"について、自分の中でイメージを深め、エネルギーを感じてみましょう。想像力を豊かにすることで、心がオープンになり、感受性が高まります。

2 直感を素直に受け取る

　直感が信じられないときは、自分を受け止められていないときかもしれません。直感を信じるということはどんなことでも受けとめるという覚悟でもあり、自己肯定しているということ。損得で考えず、感じたものをそのまま受け止める素直さを持ちましょう。

3 瞑想の習慣を持つ

　朝起きたとき、寝る前、座っていても寝ていてもかまいません。何も考えずに頭の中を空っぽにします。もし何かが浮かんできても「あ、浮かんできたな」と確認するだけで、それを追いかけないで。これを毎日5分くらいすれば、メッセージへの感度が高められます。

オラクルカードに問いかける準備

オラクル＝神託ですから、オラクルカードを引くということは、
神様に質問するのと同じです。リーディングをする前には手を洗い、
次の手順でカードをめくりましょう。

1 カードの状態をリセットする

　まずカードを浄化しましょう。利き手ではないほうの手でカードの束を持ち、利き手をその束の上に軽く乗せて、心を込めてあいさつします。これによってカードに残っていた古い質問がリセットされ、新しい質問に答える準備が整います。

　次に、カードを1枚ずつめくり、絵に触りながらそのイメージを感じ取りましょう。1枚1枚の絵柄をじっくりと見るのもいいですし、ちょっと触れるだけでも大丈夫。すべてに触れたら、カードを胸の前で扇形に広げ、心を落ち着けて静かに問いかけます。

　なお、どんな所で占うかも気になるかもしれませんね。でも、オラクルカードはリーディングする場所を選びません。「集中してカードと気持ちが通じ合う場所」であれば、どこでも大丈夫。カードを汚さないように下に「タロットクロス」と呼ばれる布を敷くといいでしょう。

　また、オラクルカードを引く時間も、人それぞれ。基本的にインスピレーションが冴える時間帯がベストです。ただし敏感なカードですから深夜、特に陰の気が満ちる丑三つ時（午前2時から2時半ごろ）は避けるのがいいでしょう。

2 シャッフルをする

　扇形に広げたカードをまとめ直し、よく混ざるようシャッフルします。

　シャッフルには、トランプなどでよく見られるような、手に持って行うものと、テーブルの上に裏向きに広げて、両手でかき混ぜて行うものとがあります。インターネットで検索してみると、実にさまざまなシャッフルの方法を見つけられるでしょう。オラクルカードは大きさ、紙質がまちまちですから、その中から、自分にとってやりやすく、そしてカードがよく混ざる方法をいろいろ試してみてください。

　なお、最近のオラクルカードでは正位置（絵柄の上下が正しいもの）、逆位置（絵柄が逆さまになっているもの）でメッセージの意味が変わってくるタイプのものがあります。このタイプの場合は、カードが十分に混ざるよう、広いテーブルの上に広げて混ぜるのがおすすめです。

3 カードをめくる

　自分の直感が「ここだ」と思うところまでカードをシャッフルしたら、好きなカードを1枚引いてめくります。一番上にあるカードでも、中から抜き出してもかまいません。正位置、逆位置の意味をとる場合は、引いた後に上下逆にしないよう気をつけて。そして、その絵柄や書かれているメッセージから得る直感をベースに、解説書などを参考にしながらリーディングしていきましょう。

オラクルカードの
スプレッドは自由

「スプレッド」とはタロットやオラクルカードのリーディングをする際に、ある特定の形にカードを広げて並べる展開法のことです。「ここに置くカードは過去を示す」「ここに置くカードは問題解決のアドバイス」といった具合に、位置ごとに意味づけされ、ひとつのストーリーとして読んでいく方法です。

タロットでは「ヘキサグラム」「ケルト十字」などが有名ですが、実はオラクルカードには、そうした万人に認められているスプレッドはありません。タロットのスプレッドを使ったり、カードを読む人たちがオリジナルで考案したりと、とても自由なのです。

タロットと違い、オラクルカードリーディングの基本は「一問一答」。でも、スプレッドを使うと、1枚引きとは違い、ひとつのストーリーを組み立てることができますから、楽しみながらリーディングができます。

もっと知りたいときは「アドバイスカード」

結果にしっくりこないとき、さらに気づいたほうがいいことを知りたいときなどには、スプレッドとは別に「アドバイスカード」を追加で1枚引いてみましょう。きっとリーディングを深める手がかりになるはず。また、シャッフル中に飛び出たカードをリーディングする方法もあります。＊P149「ジャンピングカードもメッセージのひとつ」も参考にしてみましょう。

ワンオラクル
1枚引き

現状／原因／結論／
アドバイス etc……

　シャッフルしたカードの中から「これ」と思ったものを1枚め
くり、そこにある言葉やイラストからメッセージを読み解いてい
きます。どんな質問にもズバリと答えてくれますから、リーディ
ング初心者に最適といえるでしょう。どうしても読み解けない場
合、「これはどういう意味ですか？」と問いかけてから、「アドバ
イスカード」をもう1枚引いてみるのもあり。ただし、かえって混
乱する場合もあるので、2枚までにとどめておいて。

実占例は80ページ〜

２カード
２枚引き

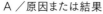

Ａ／原因または結果

Ｂ／アドバイス

　２つの選択肢で迷っているときにアドバイスをくれるスプレッドです。「ＡとＢのどちらがいいか」ではなく「Ａを選んだらこうなる」「Ｂを選んだらこうなる」と教えてくれます。

　また、何か問題が起きたときには、左にあるカードで「原因」または「結果」を、右にあるカードで「問題解決のアドバイス」を読むこともできます。どのように読むかは読み手の自由。リーディングする前にどう読むか決めておきましょう。

実占例は82ページ〜

3カード
3枚引き

過去／
真の原因

現在／
現状からのアドバイス

未来／
全体のアドバイス

　左から「過去」「現在」「未来」という時間の流れを示すスプレッドです。抱えている問題の原因と今後の変化、または占う人の運気の流れを見ていきます。現在と未来の位置で一見、ネガティブなカードが出たとしても大丈夫。幸運の流れに乗るためのアドバイスも必ずあるはず。そのあたりを意識しながら、落ち着いてリーディングしましょう。また全体の流れを読んでから、もう１枚「アドバイスカード」を引くという方法もあります。

実占例は84ページ〜

4枚以上のスプレッド

4枚以上のスプレッドの場合は、カードのメッセージをつなげるのではなく、
「このときにはこう」「この場合はこう」という一問一答をベースにした
リーディングをしていきます。

①3カ月以内に　　②現状／とらわ　　③近い未来　　④3カ月後に
　起こったこと　　　れていること　　　　　　　　　　　起こること

問題解決の原因と流れを見るとき

「3カード」の発展形です。①は「過去3カ月以内に起こったこと」、
②は「今の自分の状況」と「考え方としてとらわれていること」、
③は「すぐに起こる近い未来」、④は「約3カ月後に起こる未来」
を示しています。基本的にタロットやオラクルカードで未来を占
う場合、現在から前後3カ月までの過去、未来しか読まないとさ
れています。なぜなら、カードはその瞬間に、その人が置かれて
いる状況や可能性を読むものであるためです。

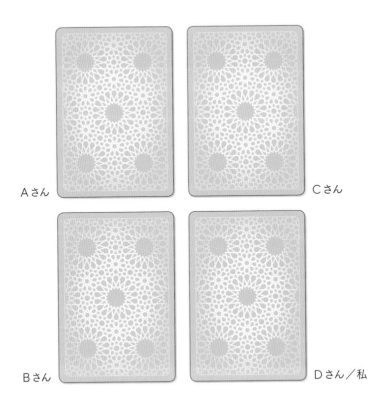

Aさん　Cさん
Bさん　Dさん／私

グループの相性を知りたいとき

　複数人のグループでの関係性を見るときに使います。相性の良し悪しではなく、どうやっていい関係を築くかを読む建設的なスプレッドです。「ここはAさん」「ここはBさん」という具合に、グループの各メンバーの位置を決め、1枚ずつカードを置いていきましょう。カードに描かれた言葉や絵から、その人が自分にとってどういう人なのか、また、今後その人とどんなふうにつき合っていけばいいのかを読み取っていきます。

実占例は106ページ〜

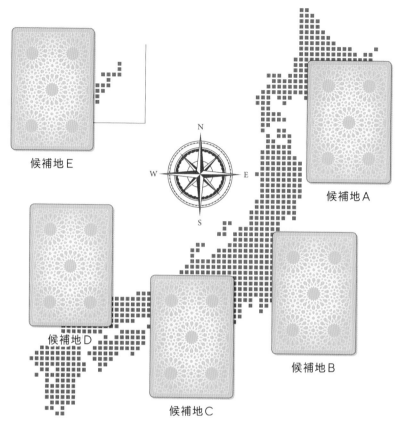

候補地E

候補地A

候補地D

候補地C

候補地B

どこに行くといいか決めたいとき

　旅行の行き先などを決める際、「ここに行くと、どんな経験ができるか」を読み解きます。国内の場合は日本地図、海外の場合は世界地図を広げ、候補地の上にカードを1枚ずつ置いてリーディングしていきましょう。地図がない場合、テーブルの中心を現在地として、そこから上を北、下を南、右を東、左を西と設定。行きたい場所がそれぞれどの方角にあるか見当をつけて、カードを配置してください。

実占例は108ページ〜

月曜日

日曜日

火曜日

土曜日

水曜日

金曜日　　木曜日

1週間の運気の流れを見たいとき

　運気の流れを見るときに使うスプレッドです。上から時計回りに月曜日、火曜日……とカードを1枚ずつ置き、そこに書かれた言葉やメッセージから「月曜日はこんな日」「火曜日はこんな日」とリーディングしていきます。「このカードが示す状況は避けたい」という場合、新たに1枚「アドバイスカード」を引いてみましょう。また「火曜日に起きたことは、こういう意味があった」と過去の出来事に対してのメッセージも読み取れます。

実占例は111ページ〜

質問の立て方
クリアな答えを得るために

カードの絵柄やキーワードが読み取りにくい、ピンとこないということがあると思います。それは、質問の仕方に原因があると考えられます。

友達に直接何か相談する場合は、「どうしたらいい？」と言ってから、少しずつ状況説明を加えていくということができます。けれど、カードは、そういうわけにはいきません。最初の問いをきちんと整える必要があります。「何を尋ねたいか」を明確にしてから占いましょう。質問を絞り込んでいくプロセスでは、その問題への新たな気づきも得られるはずです。

結論はあなたの中に
カードには助言を求めるのが基本

カードは補助であって、状況を好転させるのも、人生を変えるのも、あなたの行動なのです。「カードがこう言うのだから仕方ない」とか、「いいカードが出たから、もう安心」というように、カードに依存するようなことは、いいとはいえません。

質問の仕方も、あくまで「私はこうしたいが、それについて助言を」とするのが基本なのです。

質問はセルフカウンセリング
抵抗があるときは、なぜかを問う

　カードと向き合うとき、自分の中の真の欲求が明らかになる場合がよくあります。仕事への不満は、実は仕事そのものが問題なのではなく、将来への不安だったというように……。どう質問したらいいかを考えているうちに、自分の深層心理が浮かび上がることもあるでしょう。

　質問は、セルフカウンセリングのようなもので、自分の状況を客観視することにつながります。ですから、見たくなかった自分について知ることも、もちろんあるかもしれません。質問自体や結果にどこか違和感や抵抗があるときは、なぜそう感じるのかを考え、内なる対話を面倒がらずに続けてみてください。

ベストな回答を得られるよう
覚悟と純真な気持ちが大切

　オラクルカードは、そのメッセージがシンクロニシティー（意味ある偶然の一致）を伴うからこそ、心に響くものです。自分のことを占うときも、誰かの相談について占うときも、質問や状況にベストな回答が得られるようにしましょう。そのためには、「結果はどうあれ、自分は受け止める」というある種の覚悟と純真な気持ちで向き合うことが大切です。「人事を尽くして天命を待つ」という心持ちでいることが、必要な導きを得られ、状況を突破できるタイムリーな助言を得るコツなのです。

質問のOK実例、NG例

Case 1
相手の心をはかる質問でなく、自分を主語に

NG あの人がそっけないのはなぜ？

OK そっけないあの人とどうしたら親しくなれますか？

　相手の気持ちについてカードから答えを得ようとするのではなく、自分へのアドバイスを求めましょう。「相手が○○なのはどうして？」というのは、自分主体の質問ではありませんからNGです。また、どんな態度が気になるのか、具体的に聞くのもいいでしょう。

NG 彼は私をどう思っている？

OK 彼にとって私はどういう存在ですか？

「関心がある」「好意を持っている」という答えを期待した下心ある質問なのでNG。オラクルカードでは、あなたに相手が好意を持っているかどうかはわかりにくいものです。一方、どういうイメージを持っているかの答えは、わかりやすく出ます。

Case 2
カード任せの
質問は再考して

> **NG** 私につらくあたる人をどうにかして

> **OK** 〇さんからの意地悪や皮肉を気にしないように
> するには、どういう態度でいるべきですか?

　対処法をカードに任せるのではなく、自分がすべきことを聞きましょう。このような人間関係の悩みは、相手を変える方法を尋ねても答えは得られません。実のところ、相手を否定しないで、ただ受け入れることで、感情的なステージでのつまらない争いは卒業できるものです。カードもそのように促すものが出ると思います。

> **NG** 何かいいことが起こりませんか?

> **OK** ● 今、私はどんな流れにあるのでしょうか?
> ● 今の状況からの学びは何ですか?
> ● もっと良くなるようにどうすべきですか?

　ぼんやりとカードにゆだねる聞き方をすると、引いたカードから何を読み取っていいか、迷うはず。「何かいいこと」の中身は、実は頭の中にあるでしょう。それをズバリ聞くか、OK 例のように運気の様子を聞いて。また、受け取ることを前提として、学びの内容や良くなる方法を聞きましょう。

本音を隠しての
質問は意味がない

> **NG** > 私は結婚できますか？

> **OK** > 結婚するために今、私に必要なパワーは？
> アドバイスをください。

「できますか？」という質問の仕方は NG です。結婚するにはどう行動すべきか、どう変わり、何をしたらいいかを聞くことが大事。人生を切り開くのではなく、棚ぼたチャンスを待つような姿勢は答えが得にくいでしょう。オラクルで、「結婚できる」という安心を得たいというのは、間違ったアプローチといえるのです。

> **NG** > 転職しちゃダメですか？

> **OK** > ● 転職したいけれど、今はベストなタイミングですか？
> ● 転職を成功させるためのアドバイスをください。

「〜しちゃダメ？」という可否を委ねた聞き方は、人生を他人に預けているのと同じです。「成功しないならやらない」など、先の保証が欲しいのが本音でしょう。自分の人生に向き合う覚悟ができていない状態では、カードもそれを指摘するはず。ひとつめのOK例は、「意欲はあるけれど、環境と折り合いがついているかどうか」を聞く質問なので、答えが得られます。

Case 4
漠然とした質問は
答えも読み取りにくい

NG 〇〇に誘われて迷っているんですが……

OK
- 〇〇に参加することで、
  私はどういう経験をするでしょう。
- 〇〇することで、何を得るのでしょうか。

「迷っているんですが」だけを聞くと、何をしたいか不明です。カードが示す事柄を受け入れるかどうか、つまり行動するかどうかはあなた自身。カードの結果に従うのが幸運であり、正しい道だと思い込まないようにしてください。選択肢や答えは自分の中にあり、それを明確な形で引き出すのが、オラクルカード本来の使い方なのです。

NG 私の金運はどうですか?

OK お金との縁を深め、自由に生きるために、
アドバイスをください。

「〇〇はどう?」は漠然としすぎています。カードを引く前に、質問を紙に書き、それを推敲すると、質問内容はよりクリアになります。もし、今後の収入や投資の成功、パートナーの金運など、あれこれ聞きたいときは、いくつかに分けて単純化しましょう。

質問上手になる実例ワーク

　このパートでは、実際に質問の仕方を書いて、考えるスペースを設けました。繰り返し練習すれば、質問の達人になれるでしょう。

　1「悩み解消の答えが欲しいとき」、2「どっち or 何を選べばいいか迷うとき」、3「自分の気持ちや力を確かめたいとき」、4「アドバイスを求めたいとき」の状況例を3つずつ用意しました。P62 〜の「質問の立て方」を参考に、オラクルカード用の聞き方を考えてみましょう。

記入例

 最近、恋人の様子がおかしい。浮気をしている？
確かめたいけれど怖い……。

　➡→ 練習：オラクル用の質問にしてみましょう

> 恋人が私に言いにくいことがあるなら、
> それを打ち明けて欲しい。
> そのために私ができることは何ですか？

あなたに近い悩みから
記入してみましょう

　次のページから 77 ページまでの合計 12 の Q の中で、気になるものを選んでください。その悩みの状況に対して、行動を決めるのに役立つよう、具体的な質問を考えてみましょう。

　よりクリアな質問ができるようになるための練習問題ですから、さまざまな聞き方を思い浮かべて OK です。視点を変えたり言葉を変えたりして、問題の核心を突くよう頑張ってみてください。すべてのテーマに挑戦すれば、かなりの質問上手になれるでしょう。

　正解があり、それ以外はダメな質問だというわけではありません。各ページの参考例は、あくまで一例ととらえてくださいね。

実際にカードを引いてみて。
ピンとくるものが現れる？

　次に、あなたの立てた質問で、持っているデッキを使い、実際にカードを引いてみましょう。引いた瞬間の印象は、どういうものでしたか？　続いて、カードの名称、絵柄、キーワード、ガイドブックの解説などにピンとくるものが現れたでしょうか。

　ただし、質問の精度を確かめるために、少し変えた質問で、続けて引きたくなるかもしれませんが、それはしないでください。似た質問をするときは、ある程度、時間を空けるようにしましょう。

1

悩み解消の答えが
欲しいとき

息苦しいトラブル、折に触れて寂しさがこみあげる問題、他者との関係……
心の重荷を取り除くためには、どんな質問を立てればいい?

Q1 仕事でトラブル発生。顧客を怒らせてしまい、
早く収拾したいが、方法がわからない。

➡ 練習:オラクルカード用の質問にしてみましょう

参
考
例

Q1……「このトラブルをできるだけ円満に終わらせるために、
　　　私ができることを教えてください」

●「このトラブルを通して、何を学び、私はどう成長するのでしょう?」と、体
験していることをポジティブにとらえられる質問もおすすめ。つらいことも、そ
こから逃げる手段を聞くのでなく、解決できると自分を信頼して、必要な導きを
求めましょう。

Q2 恋人が欲しいが、出会いがない。周りに惹かれる人もいなく、恋愛を始める積極性や時間もない。

➤ 練習：オラクルカード用の質問にしてみましょう

Q3 同じ職場の頼れるAさん。仕事仲間としての関係は悪くない。最近、それ以上の関係になりたい気持ちが募っている。

➤ 練習：オラクルカード用の質問にしてみましょう

参考例

Q2……「恋人になる人と巡り合うために今、何をすべきですか？」

Q3……「Aさんと、もっとプライベートなおつき合いがしたい。そのために私ができることは何ですか？」

● Q2は、「恋人になる人と会う確率の高い場所はどこですか？」なども OK。

● Q3は、つい、「Aさんとうまくいきますか？」などと聞きがちですが、何をもって「うまくいった状態」かが曖昧になります。どんな状態を望んでいるか、細かく想像してみましょう。

2

どちらを選べばいいか
迷うとき

甲乙つけがたくて選べないとか、分岐点が現れ、
自分では決めにくいという場合、
迷ってしまうなら、上手にカードに聞いて。

Q1 かなり予算オーバーだけど惹かれるAと、
予算内でほどほど満足できそうなBの
どちらを買うか迷っている。

 練習：オラクルカード用の質問にしてみましょう

参考例

Q1⋯⋯⋯「Aのいい点は○○、気になる点は△△。Bのいい点は◇◇、
気になるのは□□です。
AとB、どちらが今の私に合うでしょうか」

●単純に「どっちがいい？」ではなく、具体的にどんな良さや難点があるかを思い描きながら質問しましょう。Aを選んだときのあなたの姿と、Bを選んだときのあなたの姿をイメージします。その過程で、決断の天秤はすでに傾いているということもあるでしょう。

初めての仕事のオファーがあった。
内容に惹かれるけれど、条件はよくない。
相手が求めているものも読み切れない。
受ける？　受けない？

➤ 練習：オラクルカード用の質問にしてみましょう

恋人のいる人を好きになった。
成就の見込みは薄い。
あきらめたほうがいい？　思い続けていていい？

➤ 練習：オラクルカード用の質問にしてみましょう

参考例

Q2……「この仕事に取り組むことで、私が得るものは何ですか？」

Q3……「あの人をあきらめられるまで好きでいます。あの人の幸せを
願える私でいられるよう、応援のメッセージをください」

● Q2 は「仕事相手とのコミュニケーションがスムーズに行え、相手の要望が
明確になるために、私がすべきことは？」なども OK。● Q3 は、どちらかを
選ぶように思えますが、結局、「思い続けたら成就する」か、「あきらめると別の
人が現れる」という答えを期待しがち。利己的にならないで。

3

自分の気持ちや力を
確かめたいとき

自信をなくして、思うように進めない。
自分にできることがわからない。
そんなループにはまったら、カードに励ましてもらって！

Q1 自分が本当は何がしたいのかわからず、
つまらない日々。仕事などに夢中になって
生き生きとしている人をうらやむばかり。

➡ 練習：オラクルカード用の質問にしてみましょう

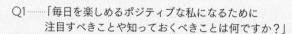

参考例

Q1………「毎日を楽しめるポジティブな私になるために
　　　　注目すべきことや知っておくべきことは何ですか？」

●「私が成長するために、次に何をしたらいいですか？」などでも。また、「○○
をすると、いいですか？」といった具体例をあげるとき、あなたが到底実行でき
ないことを質問に盛り込んでも、意味がありません。その点にも気をつけてみて
ください。

Q2 夢はあるものの、本当に叶えられるか不安。
私には、憧れの姿になるだけの
資質や力があるのかな?

➤ 練習：オラクルカード用の質問にしてみましょう

 Q3 目標に向かって頑張ってきた人生。
でも、これでよかったのかとも思う。
捨ててきたものの中に幸せがあったりして……。

➤ 練習：オラクルカード用の質問にしてみましょう

参考例

Q2……「〇〇の夢を叶えるために、今の私に必要な
　　　　アドバイスをください」

Q3……「今の状況は、私に何を伝えようとしていますか?」

● Q2は、夢があるのに自信をなくしている状態。「資質や力がありますか?」
だと、「ある」という答えに結果を強引に結びつけてしまうかも。夢の実現は前
提として、助言を求めて。● Q3は「この気持ちを解消するためのヒントをく
ださい」などもいいでしょう。

4

アドバイスを
求めたいとき

シリアスな悩みばかりでなく、
今日や明日の運勢や注意点、行動の方向性といったことも、
オラクルカードは示してくれます。

Q1　明日は面接。緊張すると、よけいなことを
　　話し過ぎたり、ずれた返事をしたりしがちなので
　　気をつけなくては。

➡ 練習：オラクルカード用の質問にしてみましょう

Q_2 欲しいもの、必要なものは多いのに、
収入が追いつかない。なんだかいつも
やりくりに頭を使っている。お金をためたい！

➦→ 練習：オラクルカード用の質問にしてみましょう

Q_3 引っ越しをして気分をガラッと変えたい。
今までと違う暮らしに憧れる。
冒険的過ぎるかもしれないけれど……。

➦→ 練習：オラクルカード用の質問にしてみましょう

参考例

Q2……「どうすれば、より安心できる家計への変化を
　　　起こすことができますか？」

Q3……「暮らし方に関するこのアイデアを実行に移したら、
　　　どんな経験ができるでしょうか」

● Q2のお金もQ3の家もエネルギーのひとつ。自分のエネルギーを高めることで、より良いものを引き寄せることができます。そのためには、あなた自身が人生をクリエイトしているという姿勢が大事。その姿勢から生まれる質問には、ぴったりのヒントが与えられるでしょう。

変わりつつある
オラクルカード

　今のような、美しいイラストと、さまざまなメッセージを持つオラクルカードは、ここ数十年で大きく花開いたといえます。初期のころのメッセージだけのものや、ささやかでシンプルな「押し絵」のようなイラストから思うと、現在は本当に百花繚乱。

　スピリチュアルブームの影響で需要が増してシェアも広がり、新たなオラクルカードが続々と誕生しています。

　天使や妖精などの神秘的なイラストや、ほっこりするような癒やし系の優しいイラストもあれば、中級者向けの、神聖幾何学模様やマンダラアートなどの抽象的な絵柄や図形といった、謎に満ちたものも人気を博しているようです。

　そうしたカードの世界観に浸かって、眺めているだけで元気をもらったり、インスパイアされるものも増えています。

　あなたは、どんなイラストや世界観がお好みでしょうか。これまで、自分は苦手かもと思っていた属性のカードでも、試してみたら、意外とフィットすることもあります。食わず嫌いにならないで、もし出会う機会があったなら、いろんなカードに触れてみてください。

CHAPTER

4

リーディングを
始めましょう

質問が決まったら、いよいよリーディング。
一例として、私のリーディングをご紹介します。
1枚引き〜3枚引きのあと、さらに、その後の展開を
別のデッキで引いてみました。最後は、4枚引き、5枚引き、
7枚引きの例も入れています。参考にしてくださいね。

恋愛ワンオラクル

まずは一問一答の基本リーディング。
恋愛についてカードを1枚、引いてみましょう。
シンプル、でも大事な質問を真摯に問いかけて。

Q 片思いをしてる相手との関係で気づくべきことは何ですか？ 相談者：Aさん

DECK 1

THE EVER-UNFOLDING ROSE
Cracked open. It's happening for you, not to you.

引いたカードは

THE EVER - UNFOLDING ROSE

永遠に咲き続けるバラ

メッセージは、「開かれる」「その出来事は偶然ではなく、意味があって起こっている」。奥に光が差し込む窓があり、そこに至る道も明るさに満ちています。希望を持っていいカードと読めます。

[ワークユアライトオラクルカード]
※以下 P85 まで同様　A

リーディング

　相手との関係で、オープンでいることを心がけていますか。もしあなたが言いたいことを黙っていたとしたら、それはオープンな関係ではありません。「永遠に咲き続けるバラ」は「変わらぬ愛」です。たとえ今の関係があなたの思う通りではなかったとしても、ずっと愛し続けるという決意を示します。

結果

　片思いの相手を愛し続ける気持ちが変わらないならば、あなたの思いは、きっと成就するでしょう。

Q 1週間前のアドバイスに従って心を開くようにしましたが、目に見える変化はありません。さらにアドバイスをください。

＼ 別のデッキで占ってみました ／
DECK 2

引いたカードは

Strategy
———
作戦を考える

「行動計画があれば大いに成功」というキーワード。ドアの陰に隠れている少女はあなた。大きなクマに見つかりそうでドキドキしているのが伝わってきそう。彼女はどういう行動に出るのでしょう。

［チェッコリオラクルカード］
※以下 P87 まで同様 例B

リーディング

現状が打開される兆しのカード。計画していたこととは少し違うかもしれませんが、状況はとどまったままではありません。目に見えないところですでに動き出していることを告げるこのカードは、あなたがどうしたいかを、再考したり、本当に望むことをもっと意識することが大事だと伝えています。

結果

予想外の動きがある暗示です。不安や心配があるかもしれないけれど、これから起きる変化に期待しましょう。結果は想像以上のはず。

恋愛2カード

Q 好きな人に対して積極的にアプローチした場合に
得られるものと、受け身でいた場合に
得られるものを教えてください。

相談者：Bさん

DECK 1

引いたカードは

● 積極的にアプローチする場合
SOUL FAMILY
—
魂の家族

人物、クジラやイルカが対称的に描かれ、海面
に光の道が。相手が魂の家族といった存在にな
るという可能性を読んでいいでしょう。

● 受け身でいる場合
LEMURIA
—
レムリア

レムリアは、古代に失われた大陸のこと。地上
の天国といわれ、美しい山は水晶のようにも見
えます。けれど、その天国は今や幻です。

リーディング

積極的になると、魂の家族といえる良好な関係に。
心の開示が相手のハートにも届くという意味。これ
でアプローチしなかったらもったいないでしょう。

受け身でいれば、自己完結で終わってしまいます。
どこにも向けられない想いは昇華されることなく、
永遠に出口のないまま、思い出になりかねません。

結果

積極的にアプローチす
れば相思相愛になれる可
能性が。一方、相手から
の働きかけを待つだけな
ら、思いが内側にとどま
り、一歩も進まない暗示。

Q その後、SNSで相手に連絡し、
お茶に誘いましたが、「そのうちに」という返信で、
関係に変化がありません。アドバイスをください。

DECK 2

引いたカードは

●原因

Improvisation

自由にやってみる

不思議な家、ぜんまい、トカゲ、三角形などさまざまなものが詰まった1枚。「準備しすぎることが最もよくない」というメッセージが。

●アドバイス

Rescue

助けを求める

ハチに乗って、どこかへ向かう少女。ダイスが浮いています。「救いの手が差し伸べられています」&「お節介な人に注意」というキーワード。

リーディング

相手が断ってもいいように「今日はどうかな？」と突然誘ったり、サプライズを心がけるといいでしょう。結果を意識しすぎないで、気負うのをやめ、ダメもとの気持ちでいることが大事です。「なるようになるしダメなら仕方ない」くらいの軽い気持ちでいるほうが、相手からの引きを強くするからです。

結果

いきなり誘いをかけたらうまくいきそう。とっさの思いつきでの行動が、あなたに有利に運ぶ暗示ですから、身構えないことが大事ですよ。

恋愛3カード

Q 同僚が好きです。同じ職場でアプローチしにくく、
人前では気のないふりをしています。相手も思わせぶり
だったりそっけなかったりと本心がつかめません。
いい関係を築くにはどうしたらいいですか？　相談者：Ｃさん

DECK 1

引いたカードは

●原因
PROTECTION
―
防御

七人の女性らしき人物が、顔の前で腕を交差さ
せています。奥には日食のダイヤモンドリング
が見えるものの、全体に薄暗い印象です。

●すべきこと
TRUST YOUR PATH
―
信じる道を進む

輝く岩や砂の紋様にも見える起伏が開けていま
す。奥には華麗な白い門。淡く爽やかな色合い
の中、歩みを進めている人影があります。

●結果
AWAKENING
―
覚醒

「あなたの内側では、さまざまなレベルでの変
化が生じています」というカード。オーロラの
ような彩雲の中で浮遊するのは、あなたかも。

リーディング

「原因」の位置に「防御」というカードが現れました。あなたが自分を第一にしているという意味です。自分が傷つきたくないあまりに、相手に対して攻撃的になっていませんか？　恋心を隠そうと相手を攻め立てたり、安心しようとして追及したりしていることに問題があるようです。

そして2枚目の「すべきこと」は、あなた自身を信頼すること、それはひいては相手を全面的に信じるということ。相手を疑うのは自分自身を疑うのと同じです。ひとたび愛する、信じると決めたら、何があっても信じ切ることが大切だというメッセージです。

「結果」にあたる3枚目の「覚醒」は、大きな気づきがこの関係性を好転させるという暗示です。ふたりの間の問題ではなく、あなたの心の内にある問題に気づいたとき、すれ違っていた心はひとつになるでしょう。

結果

好きな人といい関係を築くために、自分の恋心を隠さず、自分の気持ちを信じて、迷わないこと。相手の態度の意味を知ろうとする前に、自分の気持ちを確かめましょう。さらに、好きな人に対して、自分の中にトラウマや素直になれない部分があるのでしたら、それを見つめ、癒やすのが先です。

+1

TRUST THE NIGGLE
What is the niggling feeling trying to tell you?

TRUST THE NIGGLE
──
小さな違和感を大切にする

＼ ジャンピングカードが出ました ／

自分の気持ちに迷いのある相談者、飛び出したのは「小さな違和感」のカード。

何かいつもと違うような感覚や、心にとまったことをスルーしないように感覚を研ぎ澄まして。変化の兆しを感じたら、好転していると信頼してください。すぐには目に見える結果や手ごたえが得られなくとも、前進している証ですから。

恋愛3カード

Q 前のアドバイスを心がけてしばらく経ちました。
相手を疑ったり試したりしないようにしています。
さらに私に必要なものを教えてください。

DECK 2

引いたカードは

● 現状

Gossip
—
興味本位の噂話

少女たちが巻貝のようなものを口に当て、中央のクッキーマンは泣いているよう。「噂の的なら、その状況から離れて」というカード。

● 必要なもの

Acceleration
—
スピードを上げる

キャンディの林の中をきりんのようなおもちゃに乗って疾走。「タイミングがすべて」「先手を打とう」というメッセージ。

● 未来

Innocence
—
無邪気になってみる

赤い魚を抱いて正面を見つめる少女。表情は無表情ともいえ、悟ったようでもあり。「人を善意に解釈してください」というメッセージが。

「現状」に「興味本位の噂話」のカードが現れました。恋愛がうまくいくことを深層で恐れているのかもしれません。噂の的になりたくないからですね。同時にうまくいかなかったらカッコ悪いという気持ちもあって、それが前進を妨げてしまいます。あるいは相手の噂を気にしないことも大事ですよ。

「必要なもの」として、「スピードを上げる」が出ました。チャンスはあなた自身がつくりだすもの。必要なことはスピード感のようです。今動くべき、と思ったらすぐに連絡するなど、アクションを起こしましょう。その場の勢いのような感じのアプローチは成功する暗示です。

「未来」は「無邪気になってみる」というカードでした。あなたの気持ちを大切にしましょう。素直な気持ちは、相手にもストレートに届きます。ですから、思い通りにしようと画策するよりも、ずっといい関係を築けるはずです。たとえうまくいかなくても、変わらぬ愛を抱くことが重要です。

結果

　あなたの純真な思いが届くと告げています。予想と違う点ばかり見たり、他の人の恋愛と比べたりしないで、あなたの内なる愛を大切にはぐくんで、素直な気持ちを届けることが成就の鍵です。

Distraction
――
気が散る

＼ **アドバイスカード**を引いてみました ／

必要なもの以外に、心がけたほうがいいことを聞くために、もう1枚引くと……。

　気持ちがざわざわしても、気をそらさないように。いろいろな情報や誰かのアドバイスに惑わされず、気持ちがブレないように心を強く持ちましょう。いいときもあれば、そうでないときもある、という軽やかさが関係をうまくいかせるコツ。

仕事ワンオラクル

仕事上の悩みは、登場人物が複数だったり、
事情が絡み合っていたり……。
悩みを分解して、最も根本的な問いから始めましょう。

Q 近いうちにプレゼンがあります。
多くの賛同を得るためには？

相談者：Dさん

DECK 1

Adjustments are required
Third Quarter Moon

引いたカードは

Third Quarter Moon
―
下弦の月

梢の向こうに半分の姿を見せる月。下弦の月は物事を考え直す時期であることを示します。キーワードは「調整が必要」。

[ムーンオロジーオラクルカード]
※以下 P93 まで同様 ⑳ A

リーディング

　地道な努力と積み重ねが必要というカードです。対策としては、資料をしっかり集め、漠然としていたプランを練りに練ってブラッシュアップしておくこと。努力が後に実を結ぶ暗示ですから、ここでの手抜きは厳禁。あなたが労力と時間をかけて成し遂げたことは、必ずや多くの理解と賛同を得られます。

結果

　限られた時間の中で、今は、できることにとにかく集中しましょう。自分の主張をクリアにしておくことが何より大切です。

Q 前回のアドバイスを なかなか実行できないまま、 ついに今日が本番です。 そんな私にアドバイスをください。

DECK 2

引いたカードは

Have You Asked Your Angels for Help with This?

———

このことで天使に
助けを求めましたか?

「あなたの天使は、この状況を助けよ
うとしているので、彼らに許可を与え
て」というカードです。

[エンジェルセラピーオラクルカード]
※以下P95まで同様(現在は販売終了)

リーディング

あなたの準備は、完璧ではないかもしれませんが、
その場で、しっかりと考えを発表できるように、見
えざる力の介在を受け入れてください。天の、ある
いは宇宙からのサポートを信頼して最善を尽くすこ
とを心に誓いましょう。安心して委ねれば、本来あ
なたが持っている力を存分に発揮できるはず。

結果

不安から「助言を実
行できなかった」と感
じていますが、これま
での自分の努力と「助
け」を信じ、リラックス
することが肝心です。

仕事2カード

Q 昇格となる異動の打診が。ただし転勤を伴います。
子どもがいるので、現状維持も受け入れて
もらえそう。それぞれの道で私が得られるものは？

相談者：Eさん

DECK 1

Expect powerful change
New Moon Eclipse

Surrender to the Divine
Full Moon

引いたカードは

●異動の打診に応える場合
New Moon Eclipse

皆既日食

月によってすっぽりと太陽が隠れるのが皆既日食。ダイヤモンドリングが美しく描かれています。「始まり」「夢が叶うこと」を意味するカード。

●現在のポジションを希望する場合
Full Moon

満月

大きく輝くフルムーン。満月は月周期のクライマックスなので、「転換期」「願いが叶う」という意味があります。キーワードは「神に委ねる」。

リーディング

異動した場合、培ってきた経験や能力を生かして活躍が可能。がらりと環境が変わるけれど、それこそがあなたが望んでいたポジションであり、名誉や収入が得られるでしょう。「異動を断って現状維持」は、これ以上はない完成のカードです。精神的に満ち足りた状態で、充実した日々が送れそう。

結果

どちらもメリットとデメリットが。昇進という栄誉か、安定した充足か。何を優先しているかに尽きます。素直な気持ちを自分に問うことが大切。

Q 「現在のポジション維持」を選びました。
でも、本当にこれでよかったのかという
迷いが消えません。どうしたらいいですか?

DECK 2

引いたカードは

●現在

You Are a Powerful Lightworker

あなたはパワフルなライトワーカーです

「ライトワーカー」とは「光の仕事をする人」、天使や地球外のスピリチュアルな存在と同義。「力を発揮して大丈夫」というフレーズが。

●未来

Archangel Raphael

大天使ラファエル

ラファエルの両手から光が放たれています。「癒しの天使がそばにいて、ヒーリングワークを手伝っている」というキーワードです。

リーディング

自分の力を役立てようという気持ちが本領を引き出すことに。どのような状況でも全身全霊で取り組むならサポートが得られます。未来は、穏やかな環境でゆとりをもって過ごしていそう。このままでいいかという問いは欲心ゆえの不安であって、環境や状況は満ち足りた状態を示しています。

結果

自分が選んだことに自信を持つことは自己肯定そのものであり、常に選択を良しとする心の習慣があなたの生き方を強くしてくれるでしょう。

仕事3カード

Q いずれ本業にできたらと思って始めたネットでの副業。
費用はかさむ一方、売れ行き、評判が想像以上に低迷。
あきらめたくはないので、応援メッセージをください。

相談者：Fさん

DECK 1

引いたカードは

●現在のあなたへの助言
Cardinal Moon

活動宮の月

活動宮（牡羊座、蟹座、天秤座、山羊座）のいずれかの月の淡い光が、あなたを照らします。活動宮は「パワフルで自発的」という性質です。

●近未来のあなたへの助言
Full Moon Eclipse

皆既月食

満月は物事が極まる意味で、キーワードは「もうすぐ結論が出そう」。地球の影がかかり、赤銅色の皆既月食は、警告を発している印象。

●特に気をつけたいこと
Full Moon in Virgo

乙女座の満月

乙女座の満月は、あなたにいいものと役に立たないものを仕分ける時期であるということを示し、また、健全な生活を送るよう促しています。

リーディング

　あなたには、まだまだできることがあるはず。「現在のあなたへの助言」として引いた「活動宮の月」のカードは、もっと活発にアクションを起こすべきだと告げているようです。能力の伸びしろがあることを信じ、もっとアグレッシブに自主的に活動しましょう。

　２枚目の「近未来のあなたへの助言」は、「皆既月食」。これまでの努力がひとつの結実を迎えるでしょう。それは、あなたにとっては思わしくないことであるかもしれません。けれども、ここでひるまず、ダメだったことを反省し、方針転換するなど、方向性の模索が重要です。それまでのやり方とすっぱり決別して、新しい方法を導入してください。

「特に気をつけたいこと」の問いには、「乙女座の満月」のカードが出ました。凝り固まった考えや、固定観念に縛られないことが大切です。かつてはうまくいったやり方も、今では通用しないこともあります。柔軟に構えて、状況に応じてスタンスを変えましょう。

結果

　副業の成功のために、まずできることを次々に試してみましょう。近い未来に、「これが結果」といえる状態を迎え、次の段階に向かうことになります。これまでの方法にこだわらず、柔軟に対応することが大切です。

+1

New Moon in Cancer
—
蟹座の新月

You and your loved ones are safe
New Moon in Cancer

＼ **ジャンピングカード**が出ました ／

手伝ってくれる友達を見つけて、知恵や力を借ります。注意すべきことは何ですか？

　心配する必要は何もありません。あなたとあなたのライフは宇宙から守られています。悩んだり不安になって心を曇らせることのないように。前だけを見つめていてください。これまでと違うからと変化を恐れず楽しむことが大事ですよ。

仕事3カード

3カ月経って……

Q 前回のメッセージを胸に、3カ月間
頑張ってみました。まだ上昇気流とはいえません。
障害になっているものはなんでしょうか？

DECK 2

引いたカードは

●障害

You Are Profoundly Clairvoyant

あなたは優れた透視能力者です

天使が球をのぞきこみ、中には人魚や魚が気持ち良さそうに泳いでいます。「視覚と同様に脳裏に浮かぶことを信頼して」という解説。

●潜在意識

Ascended Masters

アセンデッドマスター

イエス・キリスト、観音、ガネーシャ、聖人など偉大な教師が勢ぞろい。宗教を超えて、あなたを見守り、導いているというパワフルなカード。

●結果

Vegetarian／Vegan

ベジタリアン

ヘルメスの杖を持つ天使の膝には果物や野菜の籠が。「波動の高い飲食物は、生命力を高める」の助言は、食生活、ひいては精神面の浄化も意味。

リーディング

「障害」と決めた1枚目の位置に「優れた透視能力者」のカードが出ました。あなたのこうあらねばという考えや、他の何かと比較する心が障害となっているかもしれません。このカードが出たということは、あなたの敏感すぎる直観力や感受性が妨げとなっている暗示です。

「潜在意識」では、十分に目標達成のための導きが得られているようです。あとは、やはり上の「障害」で現れた、あなたの思い込みや、不安に乗じた頑なさを解き放ち、インスピレーションを信じること。あなたが導かれていることを心から信頼することが重要です。

「結果」には「ベジタリアン」。これは思考のデトックスが、あなたが手にしたい未来を実現することにつながるという兆しだと思います。完全菜食主義というのは、霊的な意識を高めることで、幸運な結果がもたらされるということ。欲は欲によって滅ぶといわれているように、あなたの身の丈にあった願望ではないものを手放し、シンプルに考えることで、状況が改善されるでしょう。

結果

何か、または誰かと自分を比べ、ナーバスになっているのを障害ととらえ、それを取り除くよう努めて。潜在意識は、成功への導きを受け止めています。この副業を選んだ夢の根本を思い出し、よけいなことをそぎ落とすことで上向いていきます。

+1

Base Chakra

Choose only positive thoughts to describe
your home, career, and finances, as your
words determine your outcome.

Base Chakra
—
ベースチャクラ

＼ **アドバイスカード**を引いてみました ／

私の金運を上向かせるためにはどうしたらいいかを聞きました。

物事は一朝一夕で成るものではありません。今の取り組みが未来につながってることを意識して完全燃焼するように。現実を積み重ねることで育っていくのが金運です。地に足をつけた考え方や生活にこそ、真の意味の実りがあることを忘れないで。

悩み解決ワンオラクル

人間関係や自分の生き方について、
迷ったり悩んだりしたときも、
カードはそのときのあなたに最適の言葉を届けてくれます。

Q 一緒に働いている人の言動が気にさわります。
心の中でいつも反論している私。現状を変える
ためにすべきことはなんですか?

相談者：Gさん

DECK 1

38
GIFTEDNESS
GIFT
恵まれた才能

引いたカードは

GIFTEDNESS

—

恵まれた才能

扉の前の鍵を拾おうとしている人物。
その向こうは明るい風景が。

[Dr. チャック・スペザーノの
セルフ・セラピー・カード]
※以下 P103 まで同様 E

リーディング

　仕事仲間の言動が気になるのは、自分の才能や能力が認められていないという不服感情の裏返しのよう。恵まれた才能があるのに、反抗心を内側に持つことで、能力を発揮する妨げとなっている可能性も。相手の何が気になるのか検証し、相手を認めること。賛同できるときは、応援する気持ちを持ちましょう。

結果

　才能、能力を発揮して自信が持てたとき、相手の言動が前ほど気にならない自分に気づくはず。そして、あなたの才能も開花します。

原因を見つめて数カ月

Q その人の言葉や行動が、前ほど気にならなくなってきました。さらに新しい関係を築くうえで、私が気をつけたほうがいいことは?

DECK 2

引いたカードは

Gold

――

ゴールド

大ぶりのゴールドチェーンが混じりけのない輝きを放っています。輪は、人との和とも読めます。

[パワーストーン・オラクルカード・プレミアム]
※以下 P105 まで同様 ⑩ C

リーディング

「ゴールド」は、完全性を表すカード。相手が完全に自身の役割を果たしていることを祝福しましょう。人はみな、使命を果たしています。その素晴らしさに気づき、この世の完璧さを受け入れることで、あなたにとっても素晴らしい発展が望めるでしょう。あなたがそのままで完全であることを受け入れて。

結果

「なりたかったあなたになれる」というメッセージを信じて。なりたいのは、相手に影響されず、心の揺れないあなたのはずです。

悩み解決2カード

Q 「このままでいいのか」「もっと確かな生きがいを感じたい」という漠然とした悩みが消えません。といって何かを志しているわけではありません。私の魂が求めていることはなんでしょう。

相談者：Hさん

DECK 1

7
HIDDEN SELF
VICTIM
隠れた自己

引いたカードは

●潜在意識
HIDDEN SELF
──
隠れた自己

天まで続く階段を上る青い人々。その中に赤いひとりだけが、こちらに向かっているよう。色や向きの違いが象徴的です。キーワードは「表面意識とは別の目標を持つことが多い、潜在意識化の人格」。

26
FORGIVENESS
HEALING
許し

●魂が求めているもの
FORGIVENESS
──
許し

鏡に映る自分と抱き合う絵。向こうに、もうひとりの人物と丸みを帯びた樹があります。キーワードのひとつに「自身の内なる罪悪感を解消すること」があります。

「潜在意識」の位置に「隠された自己」というカードが出ました。心の中にあるあなた自身でも意識（理解や自覚）していない別の自分を暗示しています。こうあらねばならない、という常識や帰属意識が、あなたの本音や本心を覆い隠しているのかもしれません。けれども、表面的なものではない、内面のあなた自身が表に出ることを求めているようです。

「魂が求めているもの」の位置は「許し」のカードとなりました。このカードは、過去にあなたがダメ出しされたことや、「こんな自分であってはならない」と思い込まされたことによる弊害の暗示です。自分には、何もないとせめてしまった自分自身に許しを与えましょう。自分の存在を丸ごと受け入れることが大切です。あなたが放棄したあなた自身を許し、本来の姿になることを許可するのです。あなた自身を許すことで、秘めていた才能を表現し、本当になりたい自分になることが可能になります。

　内面にいる自分を解放し、自分を許すことを、あなたは求めています。すぐにできるたやすいことではないかもしれませんが、その試みを続けることで、漠然とした不安は薄れていくでしょう。

+1

NEEDINESS
──
依存心

＼ **ジャンピングカード**が出ました ／

これからの私が気づいて、修正したほうがいいことは何でしょうか。

　他の誰かを頼りにするような依存心を克服することがテーマです。正しい答えはないというのに、決断を誰か他人に委ねるのは逃げの姿勢に他なりません。あなた自身が決意して決断することでのみ、人生はあなたに微笑んでくれるのですから。

悩み解決2カード

Q 「人生は迷うもの」ととらえ、むやみに悩みを
消そうとはしなくなりました。けれど、まだ苦しい
です。もっと軸が定まる方法を教えてください。

DECK 2

引いたカードは

● **手放すべきもの**
Malachite

──

マラカイト

深みのあるグリーンと模様が美しい孔
雀石（くじゃくいし）。キーワードは「乗
り越える」。「闘う勇気をもったなら、
恐れることはない」とのメッセージが。

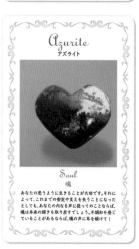

● **心が高まりつつあるもの**
Azurite

──

アズライト

まるで地球のような模様の藍銅鉱（ら
んどうこう）。キーワードは「魂」で、「内
なる声に従えば、魂は本来の輝きを取
り戻す」とアドバイスが。

リーディング

　1枚目の「手放すべきもの」では、あなたの内にある恐れや不安を克服するようにカードが告げています。「マラカイト」は、「試練や障害を乗り越える」「人生上のいかなる問題も、あなたに乗り越えられないものはない」というメッセージです。あなたが失敗したくない、何かしたいけれど、リスクが怖いという不安が捨てきれていないことを示します。行動しないために悩みが生じていることに警鐘も鳴らしているようです。

　2枚目の「心が高まりつつあるもの」は、「アズライト」のカード。あなたが本当は惹かれている人生、あなたが歩みたい人生に向けて、決断すべきタイミングにあると告げているようです。思うように生きるためには覚悟が必要で、もうあなたにはその準備ができているはず。心惹かれるものに素直になって、魂がイエスだといっていることに向かって踏み出しましょう。

結果

　あなたに乗り越えられないものはなく、望んでいる人生を送れます。この悩みは、今がその転機だからこそ、強く現れたのかもしれません。魂が導くまま、怖がらず歩んでください。苦しさはいつのまにか姿を消すでしょう。

+1

Aragonite

アラゴナイト

＼ **アドバイスカードを引いてみました** ／

ときどき不安が頭をもたげることが。
今の私に必要なものを教えてください。

　完璧にこなそうとしないで、もっとリラックスしてください。緊張感でいっぱいになると、あなたの本領が発揮できなくなってしまいます。自然体でいることが、今はとても大切。どうしたいか、どうすべきかも次第に見えてくるでしょう。

悩み解決3カード

Q 今、親との関係がいいとはいえません。
結婚や仕事、家の存続など、あらゆる面で考え方が異なり、
いさかいばかり。今後、親とできるだけ穏やかな関係を
作るためにすべきことは？

相談者：Iさん

DECK 1

17
ANCESTRAL PROBLEM
UNCONSCIOUS
先祖代々伝わる問題

20
OTHER LIVES
UNCONSCIOUS
過去世

23
THE SHADOW
UNCONSCIOUS
シャドー

引いたカードは

●親の考えや態度
ANCESTRAL PROBLEM

先祖代々伝わる問題

かなり大きな荷物をリレーのようにして運ぶ
人々。階段の下には幼い子もいます。受け継が
れていくものを示します。

●自分自身
OTHER LIVES

過去世

6組とも、一方がひざまずき、相手がそれを振
り切って遠ざかろうとしています。今世以外の
人生でも繰り返しているパターンを暗示。

●解決のためのアドバイス
THE SHADOW

シャドー

壁に映る人物の影がモンスターです。自分に関
するネガティブな観念が抑圧され、外に投影さ
れているカード。

リーディング

「親の考えや態度」は、「先祖代々伝わる問題」というカード。脈々と伝わる先達の意識が相談者にとって重荷となっているように感じられます。そして、それにとらわれて、身動きが取れないような気持ちになっているのかもしれません。

2枚目の「自分自身」を示すカードは、「過去世」。あなたがこれまで、繰り返してきた親との関係性をリセットすることが大切。あらゆる面で考えが違うと決めつけて、親との間に壁を作っていないでしょうか。どうせ反対される、という言い訳が先に立ってしまい、問題をすり替えている可能性もうかがえます。

「解決のためのアドバイス」のカードは「シャドー」。親の存在のせいにしてる思いは、そのままあなたのシャドーでもあります。人間関係は鏡に似ています。あなたが思いを変えたなら、反対されたり、親が障害となったりすることはなくなるでしょう。うまくいかなかったことを誰かのせいにしないで、自分のものとして受け入れてください。「シャドー」（ネガティブな観念）を認めたなら、あなたはもうどうこうしなくても、人生がずっと生きやすくなるはずです。

結果

　親と穏やかな関係を保つためには、思い込みや過去のパターンを捨て、親のせいにしないことが肝心です。自分の中のネガティブな感情に気づき、受け止めたとき、状況は変化します。

+1

15
POWER STRUGGLE
RELATIONSHIP
主導権争い

POWER STRUGGLE
──
主導権争い

＼ ジャンピングカードが出ました ／

今、親の本心を聞くために私ができることは何ですか？

　親はあなたをこの世に送り出した特別な存在です。その特別な人に思いをちゃんと伝えましょう。親との間のいかなる主導権争いも無意味であることを自覚して、もっと尊重してください。あなたが相手を尊べば、穏やかな関係性を築けるはず。

悩み解決3カード

Q 親との関係が少し変わってきたように思います。
もっと私の考えを理解してもらうには、
どうしたらいいでしょうか？

DECK 2

引いたカードは

●すべきこと

Rhodonite

ロードナイト

和名では「バラ輝石」と呼ばれ、暗い赤のグラデーションが神秘的。「あなたが心を開いていなければ、相手も心を閉ざす」という解説が。

●取るべき姿勢

Smithsonite

スミソナイト

淡いピンクのストーンは、バラを閉じ込めているかのよう。優しさを感じるカード。キーワードは「自分のペースで」。

●アドバイス

Conch pearl

コンクパール

希少な巻貝から生まれるピンクや赤の真珠。火焔模様も特徴で、価値の高いものです。「あなたは愛されて幸せになる権利がある」と応援。

リーディング

「すべきこと」には、「ロードナイト」が出ました。もっとあなた自身の考えや気持ちをオープンにしましょう。ひとりで考えこまないで、気持ちを開示することが大切です。「反対されるかもしれない」「理解してもらえないかも」と先に防衛線を張るのはやめましょう。相手がどうとらえてもいいから、自由に気持ちを伝えるようにすると、否定されることはなくなるはず。

「取るべき姿勢」は、「スミソナイト」のカードとなりました。物事にはベストなタイミングがあるものです。焦ってどうこうしようとしないで、流れに任せましょう。あなたが過ぎ去ったことにこだわるのをやめることで、親との関係も円滑になるでしょう。

「アドバイス」は、「コンクパール」が現れました。あなたの中にある、認めて欲しい、わかってもらいたい、という気持ち。そうした自己承認欲求の存在を見つめてください。親や他の誰かに認められ肯定してもらう前に、あなたが自身の価値を認めていることが何よりも大切です。自分を尊重していれば、相手からも尊重される関係へと移行できるでしょう。

結果

考えを親に理解してもらうためには、相手の反応を気にせず心情を吐露すること、焦らないこと、自身を大事にすることを続けていきましょう。

+1

Garden quartz
———
ガーデンクオーツ

\\ **アドバイスカード**を引いてみました /

これからどんな気持ちで毎日を送るといいでしょうか？　アドバイスをお願いします。

　あなたの内には、あなただけの宝が、才能が秘められています。そして、それを成長させ花開かせるのは、あなたにしかできないことです。今は、親に認められたいとか他のことに気を取られないで、自分を成長させることに集中しましょう。

4枚引き

Q 趣味の仲間は、年齢も性別もバラバラの5人
グループ。他の4人と良好な関係を
ずっと続けていくために心がけることは？

相談者：Jさん

Aさん

Clairvoyance

透視能力

スピリチュアルな目覚めをもたらすという大天
使ラジエルのカード。七色の杖を掲げ、額から
頭の周りが光り輝き、神々しいムード。
※以下［大天使オラクルカード］例 A

Bさん

Passion

情熱

優美な大天使ハニエルのカード。先導するかの
ような横顔と灯されたロウソク、色鮮やかな翼、
衣装、持ち物が印象的。「情熱を信じ、従いましょ
う」というメッセージです。

Cさん

Hello
from
Heaven

天国からの
挨拶

遠くで手を挙げている大天使アズラエル。「亡
くなった人との橋渡し」といった解説ですが、
ここでは絵の印象で診断していいでしょう。

Dさん

Crystal-
Clear
Intentions

はっきりした
意図

コバルトブルーが記憶にも残る大天使ミカエ
ル。「ゆるぎない信念を持って、望むことに集
中しましょう」のメッセージとともに力強さの
あるカード。

リーディング

　Ａさんは「透視能力」のカード。知恵と経験が豊富な聡明なタイプ、直感力に優れている人です。この人には、何でも相談し、頼りにすると円滑な関係が築けるでしょう。

　Ｂさんは「情熱」。熱血タイプで情熱的、行動力のあるエネルギッシュな人です。みんなをぐいぐい引っ張っていくリーダーシップにあふれていますから、仕切り役を任せるとうまくいくでしょう。

　Ｃさんは「天国からの挨拶」というカードが出現。自分の世界を持ったタイプで、人との関係にも一定の距離を置いているかもしれません。それは、お互いに尊重し合う関係を好むためで、この人に対して土足で踏み込むようなデリカシーのない言動は NG です。

　Ｄさんは「はっきりした意図」。猪突猛進といった思い込みの激しいところがあるタイプ。非常に純粋で、いつも人を手助けしているような優しい人でしょう。正直でストレートな裏表のない態度がこの人には好まれます。

結果

　Ｂさんをリーダーとして尊重し、Ｃさんとはほど良い距離を保ちつつ、Ｄさんには正直に対応する。何かあったら、Ａさんを頼りにするというかかわり方を意識すると良好な関係を保てるでしょう。

+1

Peace

Archangel Chamuel: "Peace comes from
remembering that only love is real."

Peace
――
やすらぎ

＼ **アドバイスカード**を引いてみました ／

４人といるときの自分へのアドバイスをください。

　あなたは、みんなにとって心安らぐ存在のようです。リラックスして、心をオープンにしていれば、どんな状況でも、４人との仲間関係は穏やかで愛に満ちたものとなるはず。そのためには、あなたが変わらず信頼をあずけることが大事ですよ。

5枚引き

Q 国内のいろいろなところに住んでみたいです。
将来の移住先の候補がいくつかあります。
場所別に私が受け取れるものを教えて。

相談者：Kさん

場所を占うときの置き方

横一列でも〇Kですが、地名を書いた付箋に沿って置いたり、実際の地
図に従って置いたりすると、よりイメージがしやすくておすすめです。

❺沖縄

❷金沢

❸神戸

❶北海道

❹長崎

※［サイキックタロットオラクルカード］問A

❶ 北海道

Moving On

前進

暗いところから明るい方へ人物が向かっています。手にするのは、何かと役立つ紐でしょうか。「旅に出るところ」の解説が相談内容とシンクロしました。

リーディング

未知の開拓をすることになるでしょう。今までトライしたことのない分野にチャレンジしたり、あなたの中で明らかに以前とは違う自分と出会ったりするはず。心機一転の新生活を送りたいならおすすめの土地です。

❷ 金沢

Passion Ignited

燃え上がる情熱

人物の上半身を覆う光の円。胸の部分では炎が上がっています。人物の表情からは安心や喜びが感じられます。「心ときめく冒険が待ち受ける」という解説。

リーディング

創作や創造性の火が灯る兆し。芸術的で文化的なワーケーションを営むには最適な場所となりそうな予感があります。伝統芸術や装飾などからインスピレーションを得たり、創作家として開花したりするかもしれません。

❸ 神戸

Financial & Material Changes

経済面、物質面での変化

他の4枚は精神面を表す紫色のふちのグループですが、これだけ赤ふちの物質的なカードでした。物質や金銭にまつわる変化や課題を表します。

リーディング

ビジネスの発展や起業にベストな場所となるでしょう。輸入や小売りなどの店舗経営、趣味をビジネス化させるなどの事業やプランニングなど、手広く展開できそう。財運もついてくる暗示です。

❹ 長崎

Accelerated Motion
———
加速された動き

彗星が尾を引いて、険しい山脈の上空に光っています。そのスピードは、見た目より速いものなのでしょう。それを人物はしかと見つめています。

> **リーディング**

　人生についての再発見や、希望を見いだすような再スタートの兆しです。この土地では、過去にあきらめたことや、無理かもしれないと思っていたことに取り組むのに最適。「遅れの解消」という意味もあります。

❺ 沖縄

Obstacles & Challenges
———
障害と難題

石の橋が途切れていて深い穴が見えますが、周りには妖精のような金色の光が舞っています。足元には鳥の図があり、飛ぶことを促すかのよう。

> **リーディング**

　思っていたことと現実の間のギャップに翻弄されるかもしれません。期待ばかりを募らせるよりも、想定外のことが起きる予測をしていくなら、大きな学びを得られるでしょう。楽観は禁物。

> **結果**

　候補地それぞれでの「受け取れるもの」はバラエティに富んだ結果となりました。もちろん、家計や仕事、人間関係、住む家などさまざまな検討事項があるでしょう。それらと、カードのメッセージとを合わせて候補地をさらに絞り、準備を重ねていきましょう。

7枚引き

Q これから1週間、毎日を生き生きと過ごす
アドバイスをください。

相談者：Lさん

1週間のメッセージをたずねるときの置き方

今回は月曜日をてっぺんに置き、円形の配置に。応用として12枚の
円にすれば、12カ月分のメッセージを読み取れます。

❶月曜日

❼日曜日

❷火曜日

❻土曜日

❸水曜日

❺金曜日

❹木曜日

※［エンジェルオラクルカード］ 問A

❶ 月曜日

Friendship
—
友情

天使たちが音楽を奏でる準備をしているよう。人物と友達のように見えます。

友情運がある日。気心の許せる人に連絡したり、情報交換したりすると、親交が深まります。また「自身が自分の親友」ととらえると、物事が円滑に進むでしょう。

❷ 火曜日

Divine Guidance
—
天の導き

ハート型の光と天使。色を抑えた静かな世界です。

直観力が冴える日。人の意見に素直に耳を傾け、柔軟に対応を。アイデアに恵まれたり、今後の指針がつかめたりするでしょう。この日のひらめきは「天の導き」によるものです。

❸ 水曜日

Emerging
—
出現

女性が遠くを見つめています。感情や才能を表に出すようにと促すカード。

思いがけない発見がありそう。苦手だと思っていたことが、やってみたら意外に上手にできたり、言動が吉と出たりするでしょう。自己開示を恐れないことが大切です。

❹ 木曜日

Surrender & Release
—
降伏と解放

水瓶から水が流れていますが、天使は慌てる様子がありません。

断捨離したり、身辺の整理をしたりすることで、滞っていた問題が解決の兆しを見せるでしょう。不要な考えや習慣を捨てる好機。スパや美容サロンで自身をケアするのもいいでしょう。

❺ 金曜日

Study
──
勉強

天使の手から虹が生まれ、右下からは太陽が顔を出しています。

リーディング

新鮮な知識や情報を得られそう。使い回してきたやり方をリセットして新しい方法を模索すると、画期的なものが見つかるでしょう。過去にとらわれないことが重要です。

❻ 土曜日

Gvardian Angel
──
守護天使

俯いている人物を、透明な天使が慰めようとしています。

リーディング

ツキが巡ってきている気配。ワクワクした気持ちで過ごせそう。マイペースで取り組むほうが何事も順調にいくはず。誰かの役に立つことをすると幸運が舞い込むでしょう。

❼ 日曜日

Truth & Integrity
──
真実と誠実

人物の周りをさまざまな表情の天使が取り巻いています。

リーディング

すべての物事に学びがあります。何かに執着したり、結果にこだわったりせず、真実に向き合う姿勢が、あなたの可能性と才能を開花させるでしょう。

結果

　月曜日は友情の日、火曜日は直観力の日、水曜日は自己開示、木曜日は身辺整理、金曜日は学び、土曜日は守護されていると信じましょう。日曜日は誠実な姿勢、真実に向き合う勇気が「真のあなた」を引き出します。この週は、これらの日々のテーマに沿って過ごしてください。普段以上の充実感を覚えるはずです。

バックグラウンドを知って
解釈を深めましょう

　カードに描かれているものの歴史や背景を詳しく知らなくてもリーディングできるのがオラクルカードの魅力。でも、そのカードになぜそれが描かれているのかを知ると、より深みのある解釈ができるようになります。

　例えば、外国の神話をベースにしたものの場合、色やカードに描かれた神様の表情、ポーズだけでも、カードを読み取ることはできますが、カードに描かれているのがどの神様なのか、また、どういうエピソードを持つ場面なのかがわかると、そこからまたイメージが広がっていくでしょう。天使のカードも同様。七大天使の名前は知っているものの、それらがどんな役割を持っているのか、また、それ以外の天使たちがどんな役割を持っているのかがわかると、そこに書かれているメッセージの意味が、よりクリアに受け取れるはず。

　カードのバックグラウンドを学んで知ることは、カードのメッセージを受け止める幅を広げるのに、とても有効な方法。神話や伝説をもとにしたカードであれば、そうしたものが書かれている本を読んで、イメージを膨らませていきましょう。特定の占いや心理学をもとにしたカードも同様です。

CHAPTER

5

リーディング力を
磨きましょう

さまざまなシンボルが表現されているカード。
この章では、その基本的な意味を解説します。
それぞれの説明から連想を深めていくと、あらゆる事象の兆し、
答え、見えざる介在からのメッセージなどを感じ取る力が
鍛えられるでしょう。解説はオラクルカード以外でも使えます。

シンボル読み解き事典

基本的な「色」「形」「数字」から、カードに描かれることが多い想像上の存在、
動植物、自然現象などの意味を紹介。解読を助けます。

色の意味

● 白

色彩はコンディションや、環境、状態を読み取るのに最適。まだ何も決まっていないニュートラルな状態でもあり、濁りも混じりっけもないぶん、自己の本質や魂があらわとなる。本来の性質を受容する中で、進むべき方向性が定まる。

清純／ピュア／純粋／無垢／清浄で聖なる状態／浄化／未知の可能性／生命力の回復やリセット／新たなスタート

● 黒

すべての色彩を含む統合色。無から有を生むエネルギーで、神秘色のひとつ。内省することで真実を見いだすというテーマを示す。また、恐怖や困難を乗り越え、新たなステージへ向かう直前の「夜明け前の状態」とも読める。内省で真実を探ったり、恐怖などを克服したとき、本当の意味での人生が開けるといえる。

停止／制限／試練／虚無／抑鬱／才能が目覚める前の暗黒の時代

● グレー

黒と白の中間色。どちらでもない態度を表す。ライトグレーの場合は、明るさや調和のある状態。ダークグレーは、深い悩みが続いている出口のない状態。

頑なさ／自制的で内向していること／性的な抑圧

● 緑

緑は黄色と青の中間色で、可視光線の波長の中で中央に位置し、バランス作用を示す。繁栄や生命力、成長力の象徴でもあり、癒やしによるデトックスや感情のバランスが穏やかに整うことを表す。環境面の向上の暗示も。

● 青

知識や知性、冷静さや落ち着きを表す。優れた才能を発揮して高く評価される。頭脳を活性化することで、問題を解決することがテーマ。感情の抑圧によって何かを否定したりクールになりすぎたりすることで、重要な感情から目をそらす防御壁として表れる場合もあり。

知的好奇心が旺盛なとき／知性における二面性／落ち着いていて尊敬できる人

● ピンク

赤に白を混ぜると生まれる色。赤と白の高いエネルギーを有する。ハートチャクラの色、愛を司るとされる。
無条件の愛／心の危機的な状態を癒す

● 紫

神秘色のひとつであり、古くは皇位にある者や王室、宗教的権威の象徴。尊敬されるリーダー的な存在、卓越した存在感を示す。また、テーマとして、弱さの克服や、神秘主義に傾倒しないようにという注意が促される。
高度な思想やスピリット／霊的な防御／魂の不在感

● 水色

社交性やコミュニケーション、情報を意味する色。コミュニケーションが活発になっていること、あるいは伝えるべきことがあること、もっとコミュニケーション能力を発揮したほうが、信頼関係が深まることを表す。社交的になって人との交流を楽しむことで、経済的にも上昇。心を若返らせるカラー。

● 黄色

すべてを照らす明るさ、希望、子どものような無邪気さを表す色。精神的にポジティブで、楽天的な傾向を示す。物事のプラスの側面に目を向けて、好転させていくことがテーマ。生き方の中で理想や希望を具現化するために温めている時期。

● オレンジ

赤と黄色を合わせると生まれる色。赤の情熱と黄色の希望を内に秘める。自立や創造性、独創性や独自性を司る。温和な様子と、揺るぎない行動力がテーマとされる。深い喪失感や傷ついた自尊心を癒す。
独立をはかる／精神的、経済的に自立の時期

● 赤

情熱と生命力を司る。闘志や決意、生命エネルギーや活動力、起動力を喚起する色。怒りや恐怖の克服、感情面や情緒面の弱さを乗り越えることがテーマ。
活力に満ちる／決意や自分に打ち勝つ力の高まり／強い意志／目的意識／理想の実現

● 金色

魂の完全性を意味する。自信の欠如を癒やして自己信頼を取り戻し、意欲減退や不安感をやわらげる癒やしの色。信頼を通して愛を回復させる。肉体や心理的な抑圧をなだめ、最善の選択へと促す。
リーダーシップの発揮／セルフケアが不足している状態を改善／願望の成就

● 銀色

沈黙、月の光、実態の伴わない幻の色。優柔不断さや不決断、移り気などを表す。プラス面は、変化や旅立ち。表面的にはわかりにくい内面の変容。
呪縛からの解放／自己欺瞞に気づく／新しいやり方を導入／新しい方向性で道を切り開く

●コントラストの強い2色

赤と黒という組み合わせなら背徳の意味。白と黒なら陰と陽、正義と悪というように、対比、または対極にあるもの。白や黒を含まない場合、12色を配置した色相環という円形の図でいう、向かい側にある色が「コントラストが強い組み合わせ」といえる。赤と緑、青とオレンジ色、黄色と紫など。補完関係、矛盾などを示す。

●寒色

涼しさを感じさせる色（特に青系）は、冷静さや沈黙を保つことで、状況の安定をはかり、解決策を見つけ出すことを示す。

●暖色

暖かさを感じさせる色（特に赤〜黄色系）は、内面を温め、与える愛や思いやりを発揮することで、人間関係が向上するととらえられる。

虹色

一般に「赤・橙・黄・緑・青・藍・青紫」の七色だが、文化圏によって2〜5色でとらえることもある。自然界の虹は、雨などの水滴に光が反射することによって生じる。そのため、光が全貌を表す、すなわち、すべてを有するという意味に。虹色は、すべての可能性、好機や転機、祝福を表す。

形の意味

●球・円

完全性と永遠を表す。混沌とした状態に希望と調和をもたらし、正しい生き方を照らす。あるいは魂の完全性を意味する形。精神的な成長や、円満な状態を暗示。

●ハート形

心臓の形がモチーフのハート形は、愛と生命力を司る。愛する気持ちや愛される喜び、友情も含めた愛にまつわるもの全般を意味する。

●星型

天に輝く星をかたどったものは、希望の光を象徴し、インスピレーションや運命を切り開く力、目標を表す。困難に打ち勝つための強い意志や精神を意味する。

●三角形

三位一体を意味する。火や精神、創造のエネルギーの具現化を表す。創作活動や創造的なイマジネーションがダイナミックに展開される。

●四角形

物質、安定、建物を表す。受動的で維持する力。4つの頂点に優劣がなく拮抗しているという意味では、変化のない状況や、惰性的で動きのない状況、檻（おり）を意味。

●卵型

生物の卵をモチーフにしたこの形は、潜在能力や可能性、生命力や復活を象徴。これから生まれる企画やプラン、誕生するすべてを意味する。

●花

自然界の花を連想させる形は魅力や魅了、美や愛の喜びを象徴する。

●クロス

一般的には幾何学図形のひとつ。通常は水平と垂直の線で交差したもの（ギリシア十字）で、斜めの場合は斜め十字、サルタイアー（Saltire）とも呼ばれる。十字形は古くから存在し、占星術や古代の天文学では太陽のシンボルとして用いられた。方位を示すシンボルとしてもよく知られている。アジアでは厄除けの形としての風習も残る。四大元素や4の数字の意味を併せ持つクロスは、バランスや調和という意味もある。
十字架となると、宗教色の強いシンボル。イエス・キリストが磔（はりつけ）にされたときの刑具としてのイメージが強いが、かつて罪人がかけられる呪いの象徴であった十字架は、イエスの存在によって、救済のイメージに塗り替えられたともいえる。

●勾玉型

胎児や月をモチーフにしているといわれる形。古代の装身具や祭事に使用された勾玉は、生命力や潜在力を引き出すもの。そのまま、生命力や潜在能力を表す。

植物の意味

●ハス

清らかな心、神聖、多産、名誉、長寿などを意味する。ハスの原産はインドで、古くから仏教とつながりのある花。平和的で調和的な世界、あの世的なイメージ。

●バラ

美と愛の象徴。ヴィーナスの花とされる。愛の成就、魅力の開花、愛情関係、理想の美などを意味する。恋愛関係全般の向上や、愛のトラウマや傷を癒す花とされる。

●ユリ

純粋、無垢、純潔のシンボル。キリスト教文化では聖母マリアに捧げられた花。新約聖書の「ソロモンの栄華もユリに如かず」という言葉は、人工物は自然界の創造物には及ばないという意味。バラが外面の美とするなら、ユリは内面の美ともいえる。

●スミレ

春の到来、復活や愛を表す。一方、ギリシア神話では、スミレを摘んでいた大地の女神ペルセポネを冥界の王ハデスがつれ去ったことから憂いの花でもある。トラウマ解消の意味も。

●花畑

幸せや喜びなど幸福の象徴。理想や温めてきた夢などが育っている、あるいはすでに充足した状態を表す。色彩が明るい場合は、明るい未来や現状が希望に満ちていることを示す。暗い場合は過去の記憶や喪失の意味。

●イトスギ

生命、肥沃を意味する。ゼウス、あるいはヴィーナス、ヘルメスに結びつけられる。
男性、男根の象徴／自信や高貴な自我／死後の生命や死／復活

動物の意味

●猫

エジプトでは月と結びつけられた存在。気まぐれやおしゃべり、残忍さを表す。中でも黒猫は死や魔性、暗黒を司るとともに幸運も意味する。
変化／俊敏性／移り気

●犬

忠実、忠誠、献身、警戒や保護を表す。天の猟犬、あるいはケルベロスのような冥府の番犬として地下に住む者もあり、境界線の象徴でもある。

●ライオン

太陽を象徴する聖獣として古くから崇拝の対象でもあった。王権、勇気、勝利や力の象徴。寛大さや誇りを表す。また、荒れ狂う本能、獣性や冥界、悪魔と結びつく。ヘラクレスがネメアの獅子を退治したように（ギリシア神話）、倒すべき、凌駕すべき対象（コントロールすべき欲望やエゴ）としての意味を持つ。

●牛

力と忍耐を表す。農耕文化の黎明期から人々とかかわってきた牛は、自然の生産力や豊穣の象徴でもあり、太陽と月の要素を併せ持つ。

●馬

人間の生活とかかわりの深い動物で、意味はさまざま。ケースバイケースで読み解くこと。例えば「トロイの木馬」（巧妙に相手を陥れる罠）だったり、『三国志』の「赤兎馬」（せきとば）のような1日に千里を駆ける英雄の乗る馬だったりと、絵によってあらゆる事象への対応が可能なため。一般に、駆ける馬は勝機や勇気、予知や予見的な感覚。

●鹿

俊敏性、優しさ、豊穣や自然の恵みを表す。ギリシア神話の狩猟の神、アルテミスの聖獣。天敵である大蛇を食べたあと、角を落として若返るという言い伝えから「再生」の象徴。雌鹿は母性愛を意味する。他に、知恵の追求という意味も。

●ゾウ

献身、愛情、無垢を表し、大きな力、庇護、男性、男根を象徴する。知恵や永遠、従順や自己抑制という意味もあり、人の内部に秘められた巨大な力を司る。

●イルカ

海洋生物の中で、体重に比して脳の割合が大きいイルカは、知恵の象徴。二頭で並んで泳ぐ姿は、進歩を表す。頭が下になっている絵の場合は退歩や退行。航海の守護者でもあり、旅の安全や繁栄、発展の象徴。奔放さや性的快楽、人生の楽しみの意味も。

●鳥

鳥は空を飛ぶ存在として、地上の物質と対称的に、精神、思考、霊魂を表すとされる。天使など天からの使者は翼を持った姿で示され、鳥に近いといえる。浄化や精神の作用、恋人、愛の合一という意味も。以下は、特定の鳥の意味。

●フクロウ／知恵、夜を象徴し、預言をする鳥とされる。幸運や福をもたらすとして、いい方向に導く、見通すという意味がある。知恵と知識のシンボル。

●クジャク／華麗な羽から美、威厳、現世の栄華を表す。古くから邪眼、長寿や不滅性を司り、楽園における霊魂の不滅とされた。

●カラス／賢明さを表し、古くは神意を表す霊鳥として神聖視された。伝達者、前兆を意味し、天の摂理や暗黒、孤独の暗示も。

●白鳥／水鳥の王である白鳥は、美や尊厳、知恵を司る。男性的な面と女性的な面を持つことから、アポロン、そしてアフロディーテの聖鳥。白鳥の歌声（鳴いている図）はギリシア神話のオルフェウスに結びつけられる。儚さや魂を導くものの意味も。

●ツバメ／春を告げる鳥。希望と幸運の象徴。ギリシア神話では、白鳥に並び、アフロディーテの聖鳥。キリスト教文化では受肉（神が人の形をとって現れること）と復活を司る。雨を知らせる連想から、未来を予見する意味も。

●ハト／天空、天上界を表す。ギリシア神話ではゼウスと結びつき、神託を告げる鳥。豊穣、生物の生命、愛を表す。恋の喜び、生命の誕生、予言などの意味も。

●ツル／飛翔、端正、清純を表すほか、生命力、不死を意味。刈り入れ、種まき、戦争の終結や和平を告げるとされる。暁、幸運の象徴。

● 昆虫

湧いて出るものとしてとらえられる。原初的生物、厭わしいものとしての意味、または変化の兆し。季節を司る。「虫の知らせ」など、変わり目の兆候を伝えるメッセンジャーとして役割も。

● カエル

豊穣、知恵や創造、進化の象徴。水と土の要素を含むカエルは、高きものを求める低きもの、あるいは混沌からの出現、霊的な使者。

● 蛇

大いなる力、生命力、繁殖力や繁栄、嫉妬、あるいは神託などの表象。英知と冷静を表す。何かの柄に巻き付いた姿はヘルメスの杖（ラテン語でカドゥケウス）であり、天の伝令、商業、交通、医療のシンボル。

● 魚

水中に群れをなして泳ぐ姿は、生命や多産の象徴。不滅や再生を表すとともに、大集団で動く、釣り針のエサにつられるなど描かれ方によっては愚行や無知蒙昧を示す。意識下の自我、無意識的な願望や欲求、性欲や女性を意味することも。

天使・精霊・神様の意味

　天使や神様、神話などに登場する想像上の生物は、各デッキの世界観で、さまざまな性質や役割を付与されています。ここでは「この図があったら、この解釈が一般的」という点をお知らせします。

● ミカエル

熾天使（してんし）。神の愛を意味。甲冑をまとった姿が多い。キリスト教における最も偉大な天使で、最も神に近い存在として崇拝される「天使の中の天使」。神の御前のプリンス、慈悲の天使、正義の天使、聖別の天使など、さまざまな呼び名がある、神の番人であり、大きな奇跡が起こるときに派遣される天使。すなわち、ミカエルの絵は、大きな奇跡の兆しがあることを示す。

● ガブリエル

智天使（ちてんし）。神の知恵を意味。優美な姿で、白百合とセットで描かれることが多い。『受胎告知』の絵が想像しやすいはず。偉大な天使のひとりで、神の言葉を伝える役割。また、大天使長ミカエルの次席であり、「神の左に座す者」として、ナンバー2の位置づけ。ここから、天からのメッセージ、知恵という意味に。

●オリフィエル

座天使（ざてんし）。神の正義（栄光を授ける）を意味。神の力と栄光の信念を表現する。神の天地創造の助手として真っ先に生み出され、そのプロセスに参加した創造の天使のひとり。創造のエネルギーを示す。

●ラファエル

魚を持った姿で描かれることが多い。医学に造詣が深く慈悲深く、旅人を守護する。慈愛の天使としてミカエル、ガブリエルに次ぐ人気がある。癒やし、治療、旅の意味を持つ。

●ウリエル

「神の炎」という称号を持つ。本と巻き物を持った姿や手の中に炎を灯す姿で描かれることが多い。最後の審判に際して炎の剣を持って人々を裁く役割を果たすとされる。ウリエルの絵は、困難な状況の解決、裁きを意味。

●キューピッド（クピド）

ギリシア神話でいう恋の神エロスと同一視される存在で、小さな羽を持ち、恋の矢を撃つ幼児として描かれることが多い。キューピッドの絵は、そのまま恋の予感を示す。

●ユニコーン

一角獣。貞節、神の剣、神の言葉を司る。乙女への祈り、礼節など、神聖さを象徴する架空の存在。また、その角は、強さを求める象徴でもある。幸運、真実、純粋性を表す。

●妖精

性別、容姿ともに大小さまざまな姿で描かれる。潜在能力や可能性を象徴する。宇宙や自然界からのギフト。

●人魚（マーメイド）

多くは上半身が女性、下半身が魚の姿で描かれる。原初のモチーフは古代メソポタミアで、上半身はヒゲをたくわえた男性の姿の魚体神にさかのぼる。ギリシア神話以降のイメージが、現在の踏襲されている姿。魔性の力や官能を司る。

●龍（ドラゴン）

原型的には蛇からの派生。翼と爪を持つ想像上の存在。蛇、ワニ、獅子の属性を備えた生物とされている。キリスト教文化では悪魔、反逆者の象意。ギリシア語では「見ること」を意味し、預言や知恵の表象として、神殿や宝物を警護すると位置づけられている。古代文明でのドラゴンは聖獣、神々の随獣であるムシュフシュのこと。災厄から守護し、宝物を守るという意味も。東洋の龍は、おそらくメソポタミアのものがインダス文明を経由して伝搬したものではないかと推察される。東洋の龍は水神であり、権力の象徴。

リーディング力を磨きましょう

●鳳凰・不死鳥（フェニックス）

アラビアの砂漠に生息するといわれる伝説上の鳥。死期が近づくと香木を炊き、その中で身を焼き尽くして再生するといわれることから、不滅性、再生、復活の象徴。自己再生、繁栄や幸運を意味。

●女神

多神教における女性の姿をした神。水を含み、生命を育む森や山は基本的に女性原理に属するため、女神の領域。古い文明や神話の世界では「母神」として表現され、のちに女神へと習合された。大地の生産性や豊かさ、豊穣、生命力を司る。

●男神

多神教における男性の姿をした神。東洋では「陽神」「夫神」とも記される。勇気や情熱、忍耐を司るものが多く、女神が生命を司るのに対し、男神は、開拓や開墾、治水などの能動性を象徴する。そういう意味では人工的なものも男神に属す。
冒険／チャレンジ。

●ウロボロス（尻尾を噛み環となった蛇や竜）

完全、回帰、全一などの象徴。対立する概念の融合や循環の象徴で、陰と陽、男女など相反するものの調和した状態。自己生殖（両性具有的）や自己再生に結びつく。生命の永遠や生命の継続など、魂の不滅の原理。大きな見方でいうと天球も示す。

宇宙の意味

　宇宙空間は、地球の大気圏外の世界です。カードなどに表される宇宙は、人知を超えた世界、理（ことわり）のある秩序を持った完結した世界体系を示します。同時に、時間や空間的な制限の中で、普遍的な力学が作用する場を意味することも。小宇宙や大宇宙、もしくは複合宇宙など表現はさまざま。単一的な宇宙はユニバース、多次元的宇宙はマルチバースといいます。

「宇宙的」というキーワードの場合は、人の暮らす地上の世界を超えた、さらに大きな世界のことととらえていいでしょう。

●太陽

男性原理、生命力、天上界の知恵の象徴で、精神を司る。人に益をもたらすプラスのエネルギー。
永遠性／創造者／繁栄／繁殖／成長／エネルギー／陽の力／尊厳／威厳／権威／不正／個性／自立や独立／自主性／血と生命／喜びや幸福

●月

月は基本的に太陽と対のシンボル。古代メソポタミアでは月の神は男性神であったが、太陽との対比で女性原理、母性の象徴に。満ち欠けする姿から、変化する感情や内面性を示す。シャドー、トラウマや心理的な問題など。予感や予兆、予見、未来を垣間見るなどの意味。

●新月／月の見えない状態。よって絵に描くことは基本的に不可能であり、カードの絵としては暗闇となる。和名では朔（さく）。皆既日食や金環日食時に新月の輪郭を見ることができる。月の満ちていくときの始まりであり、物事の開始やスタート。皆既日食の場合は、転機。新しい始まりの祝福。

●満月／月と太陽が地球を間において反対側にあるときが満月。満願成就。目標達成や物事の完成を意味する。

●三日月／成長、変化、預言、純粋な魂。順調な成長とレベルアップを意味する。

●地球

人や生物の生息する惑星。人の生きるこの世、世界の象徴。個を超えた集合意識、社会や環境への愛。人生の目的や意志を意味する。

●銀河

無数の星や宇宙に浮遊する塵、ガス、星間物質などで形成される巨大な集合体。その形は渦巻き銀河・棒渦巻き銀河・楕円銀河・不規則銀河などさまざま。銀河がカードに描かれていたら、イマジネーション、創造性、無限の可能性を示す。

●彗星

太陽系が生まれた頃の惑星形成時の情報をそのまま持つ存在。太陽に近づくと尾を引く彗星へと変わる。古代、彗星は凶兆とされた。望遠鏡の未発達な時代、白い尾を輝かせ、天を横切る彗星は、めったに見られない現象であるため、恐れられていた。カエサル（紀元前1世紀の政治家）や始皇帝の祖母、始皇帝の片腕であった将軍の死後、彗星が現れたという記述が残されているため、不吉とされたよう。疫病、戦争、巨星堕つ（逝く）という意味で、王侯など偉大な人の死の暗示、地震、干ばつなど社会異変を表すとされた。現代では、凶兆というより、天からのメッセンジャーの意味が強い。その解釈は多岐にわたる。

●夜空

内向的、内省的な心理を表す。瞑想的で、これから探求に向けてプランやアイデアを練るとき。解決できていない問題。星空は解決策。雲に覆われた夜空は暗中模索の状態。逆境の中で、ひたむきに努力をしている状況など。

●夜明け

光差す夜明けの空は、希望の到来。解決策や改善策が見つかる、サポートが訪れるなどの暗示。向かうべき目標が定まり、エネルギーが解放される。

●暗黒

無を意味する。恐怖、恐れ、神秘、創造の母胎を象徴する。宇宙の暗黒が代表的。衝動や、得体の知れないもの、理性を失った獣という意味から悪魔を表すこともある。

●門（ゲート）

女性的な象意。扉と同じ機能を持つ、通過ポイント。別世界への入り口、新しいステージが開ける兆しなどを意味する。
再生／正義／成長／自由

●橋

ふたつの異なる世界をつなげるもの。ふたつの存在の結合や時代の橋渡しなど。川を渡ることを可能にする橋は古代から重要なインフラでもあり、試練や忍耐も表す。また、橋を渡ることは、別のステージに上がるように促される、人生の岐路における覚悟ともいえる。恋愛の悩みにおいては、相手との間に橋があるという意味で、円満な関係を示す。

●遺跡

古代の建造物で、人類の遺構。知恵や知識を象徴する。中でも文化史や文明史を代表する存在は、古代の英知の集積であり結晶。太古の知恵から学びがあることを示す。

●海

万物が生まれ回帰する原初のもので、生命の源。生命エネルギーや浄化、豊穣、永遠を象徴する。また、無意識、人智を超えた英知や真理を司る。
不滅／霊魂／イマジネーション

●山

聖なるもの、天と地が交わる崇高な場所、霊験を象徴する。高みや完成、啓示や不動の精神を司る。高貴、威厳、達成したい目標や理想を意味。
魂の理想／尊厳／成長すべき課題／時間をかけて達成されること

●丘

山と同様に高み、墳墓、天へ至る道程、予知や意志、運命を暗示。祈りや瞑想、先祖の意識、自然霊に近い場所。ものの見方や考え方を俯瞰するようにというメッセージも。

●分かれ道

人生の岐路や、二者択一的な決断を表す。結婚や転職など人生の転機が訪れていることを暗示。
分岐／決断／分離／統合されない別れ

●神殿

神聖、清浄、浄化の象徴。瞑想、魂、神秘を意味。古代の官職の場所でもある。神々の宿る家、聖域を司る。
変化の時期／インスピレーション／天命

●閉ざされた空間

閉塞的な状況、四面楚歌、行き詰まり、限界、無力感などを意味する。出口が見えない状況、自ら閉じこもっている状況。

●泉

泉とわかる絵柄や、カードやブックに「Fountain」の表記があるものはこちら。生命、誕生、復活の象徴。償いや浄化、無意識からの啓示などを意味する。
自然界の神秘／生命を潤す水／健康の回復や復興／行き詰まっていた状況が転じる兆し／無限の豊かさ

●湖

湖とわかる絵柄や、カードやブックに「Lake」の表記があるものはこちら。古代、水面下は異世（ことよ）と考えられ、死と生の流転や復活の象意とされる。湖に太陽が沈むことは冥府の入り口と信じられ、精霊のすみかともされる。女性原理の象徴でもあり、鏡面のようにすべてを映す湖面は、自省や内省、意識や啓示の暗示。

●池

池とわかる絵柄や、カードやブックに「Pond」や「Cistern」の表記があるものはこちら。水が淀み、濁る池は、腐敗や堕落の象徴。足元をすくわれるような出来事や、障害など注意喚起の暗示。

自然・現象の意味

●虹

P118「色の意味」の「虹色」と同じ意味。

●空

神聖、至高を象徴する。雲ひとつない晴れ渡った空は、前途洋々の徴（しるし）であり、迷いは晴れ、明るい見通しが立つことを意味する。可能性が見つかる意味も。

●雨

豊穣を表す象徴。浄化、真理、英知を意味する。生命を潤し成長させ、命をもたらす雨は、光と同様に、なくてはならない自然界のエネルギー。
＊雨の反意にあたる干ばつは、不毛の象意で、古代では神の怒りと考えられていた。日照りや干ばつのような絵の場合は、不毛な状況、困難な現状。

●嵐

偉大な力の象徴。破壊というよりは、創造力、実りをもたらす。自然界のある種の暴力的なエネルギーでもあり、その力（心の嵐）を鎮めるとき、悟りを得るといわれる。

●雲

光差す雲の姿は、至高、神の顕現。浮かぶ雲は神々の乗り物。天界や天空の獣群を象徴。天啓、神意や神聖さを表す。
＊暗い曇天の場合は、心の曇り、迷いや不安など、悩みを表す。

●森

森は女性原理、大地や自然のシンボル、無意識や人智の及ばぬ力でもあり、無意識も表す。樹木が密生する森は繁殖や生産の象徴。鬱蒼とした森は、迷いや不安を示す。

●樹木

垂直に成長することから根は冥界、幹は大地、葉は天に属すため、運命の象徴とされる。再生、成長、知恵を司る。青々とした樹木は繁殖や繁栄、枯れ木は哀悼を示す。

●竜巻

破壊、突発的な現象、超越を司る。ひとつのブレイクスルーや、急転直下の出来事などアクシデントや予期せぬハプニングも意味する。

●滝

物事の分岐や、エネルギーの放出。
堕ちる／暗転／暗い考えや出口のない状況

●水晶

透明、純粋性、神性を司る。知性、高貴、精神性を表す。不可視のものを可視化するように気づきがあるなど、純粋で前向きな状態、清廉潔白。

●氷

冬、死に結びつくシンボル。意識と潜在意識の壁、潜在力を無にする。
不毛／心が凍る生産性のない状態／トラウマや打ち解けない心の壁など

●光の玉

完璧、永遠、調和、統一など。また、いい意味での運命の変転を意味する。

●後光

光輪、宗教的な象意。目覚めや気づきなど心の覚醒。知恵、美徳、真理、道徳を表す。万物の調和、創造力を意味する。

●炎

浄化の象徴。創造、啓示、愛、超越的な力のイメージシンボルであり、太陽の不滅の炎を表す。
植物の生命を成長させる創造のエネルギー／太陽の仲介／健康の回復や維持／情熱／性愛／破壊と衝動／再生

人物の意味

●赤ちゃん

豊穣や光。新生児は、堕落した社会や権威、化学を覆す、新しい力や世界の象徴。希望や理想、潜在的な可能性や未来を暗示する。

●英雄

怪物などを倒して、宝を発見する、宝をもたらす者。豊穣や繁栄への障害を取り除き、豊かな実りをもたらすことを示す。精神的、内的な力との戦いを果たして、自己を制するという意味もある。

●仙人

仙人はあらゆる秘術を扱えるという。不老長寿の象徴として人智を超えた存在とされる。インドでは聖仙（リシ）と呼ばれる。古代中国の仙人は飛翔能力と高い霊力を持つ「天仙」と、飛翔能力をもたない「地仙」に分類される。男性の仙人は頭が丸く大きく白ひげの老人の姿や、中年男性、あるいは美青年で描かれるなどバリエーションが豊富であるのに対し、女仙は若く美しい姿で描かれることが多い。仙人の絵が出た場合、導きの訪れ、年長者からの引き立てなど。単純にギフトがくるのではなく、自己成長のためにサポートがくるというイメージ。

●老賢者

スイスの心理学者ユングの提唱した元型。父性、知性、経験や知恵の象徴。厳格で節制的。物語の主人公が行き詰まり、打つ手なく困り果てた窮地のときに現れ、助言や導きを与える存在。老賢者は、仙人と同様で指南役や教えを与える。老賢者の絵は、年長者からの助言に耳を傾けたり、信頼できる人に相談することで突破口が開けるという暗示。

●踊る人

踊る様子は、自然との調和、美徳、愛、楽しみに満ちた状態を示す。

物の意味

●宝石

大切な宝物、人類が積み上げてきた知恵と経験の宝庫、記憶、伝承、直観的な認識。輝く星のような宝石は希望と幸運を表す。人生の成功、富など。

●ルビー／情熱、魅力、魅惑、美しいものを表す。幸福のエンブレム。燃えるような思い、恋愛、気高い心を意味する。情熱を駆り立てられる出会いの兆し。

●ダイヤモンド、金剛石／威厳、明晰、輝きを放つ可能性を司る。不変、貞節、純粋という意味も。不滅のダイヤモンドと呼ばれ、固い信念、不屈の精神、意志の強さを表す。己に打ち勝つ心、折れない心を持って願望を成就する。

●サファイア／天（空）の青を象徴する。知識や知性、良識、良心、希望、純粋性を意味する。善良で、良欲と美徳とともに生きる心を守護する。希望の宝石。

●エメラルド／美と富、愛や友情、親愛を表す。愛の成就や、家庭の円満など、幸福の象徴。癒やしや治癒としての意味もあり、健康面での幸福や、順調な回復、成長を暗示。

●羽、翼

風、純化、飛翔を意味する。成長、慈悲、神性を司る。白い羽根は幸運の暗示。
誇り／環境からの離脱／再生

●硬貨、お金

欲望、強欲を表す。金貨は豊かさ。

●ラッパ

賞賛、賛美、名声、栄光の象徴。告知、声明（発表すること）や伝達のシンボルでもある。天からの呼び声や祝福など、喜ばしい特別な出来事の暗示も。

●時計、砂時計

時を刻むことから運動、節制、循環などを意味する。永遠を表し、天の摂理や宇宙の神秘を司る。逆回りの場合は反自然。止まった時計は、死や停止を意味する。共時性（シンクロニシティ）や運命の象徴。

●矢

思考や思想、創造と開放のシンボル。創造のアイテムでもあり、人生の方向性や目的、アイデンティティや理想を獲得することを意味する。

●巻物

経典、教義、教えを意味する。
積み上げられた知恵や知識／継承／伝承／弁論／演説

●船

古代は神々の乗り物とされ、神殿の意味もある。
安全／旅立ち／豊穣／人生行路／目的地を目指す／方向性が決まる／試練を乗り越える／
復活

●曼荼羅

複雑で完璧な世界の象徴。宇宙を表す聖なるモチーフ。内的な精神、天意に沿った生き方、
自然的な統合を意味する。
回復／創造／原動力

●剣、刀

至高の武器、正義、威光、威厳、力の象徴。愛と正義、戦い、性を司り、護持する作用。
鞘に納められた宝剣は、特に護符や守護の意味がある。
権力／男性性／能動的

●鎧（防具）

防具である鎧は、守護、高貴な精神を意味する。忠誠、正義、由緒、伝統の保護などを司
る。騎士道精神や正義感など。護るべきものがあるということ。

●杖、ワンド

威厳、権威の象徴。まっすぐな杖は指導的、霊的な導きを意味する。伝統的な知恵や力の
継承、また具現化すること。

●王冠

高貴、火と光を象徴する。栄光、栄誉、勝利、名誉を司る。精神を向上させ高みへと導く。
完璧さ、永遠性、女性原理の象意。威厳、正義、富、成功、責任を司り、現世での最高権
力の象徴。

●鏡

真理、誠実さ、宇宙の反映、啓示を意味する。古来、占いや神事に用いられてきた鏡は、
無限の本質、無数の形態を映しだす小宇宙を司る。知るべきことがあるということ。
ラテン語では speculum（スペクルム）。古くは鏡を使って、天空の星の動きを観察した。
語源的には、星全体を見るという意味があり、高度な知的活動などを司る。鏡に映るもの
という抽象性から、考慮するという意味がある。

●仮面

二重性や別の顔を意味する。仮面は外面でもあり、表層意識や行動に反する感情や意思を
隠し持っているということ。または、本当の感情に蓋をして、演じているという意味でも
ある。

●鎖

天と地など、二つの存在、二つの両極を結ぶものを象徴する。意思疎通、連携、結合を意味し、結婚、家族、民族や都市、国家などあらゆる集団を結ぶ。共同的で集団に溶け込むことを表す。

●マント

保護、同化の象徴。日本的にいうと隠れ蓑的な意味合いがあり、隠れる、隠す、見えないものの存在を意味する。
英知／哲学的な指導者／秘教や秘儀の伝授

●旗

勝利、団結、忠節の象徴。大義、意思表示、目標を表す。高く掲げられた旗は勝利や進軍（進むこと）を意味し、低く降ろされた旗は、敗北のシンボル。

●たいまつ

基本的には炎と同じ意味を持つ。加えて、浄化を表す。闇を照らすことから、真理、寝ずの番を意味する。男性性、革命、自由、そして争いや力の象意でもある。逆さのたいまつは死、すなわち物事の終わりを意味する。

●ろうそく

基本的には炎と同じ意味を持つ。浄化、白、祝宴、儀式、ロマンス、誕生、結婚などを意味する。移ろいやすさや消えやすさから儚さを意味することも。
希望／探求心

●本、書物

知恵、知識、経典を意味する。新しい知識や学びを得る、導き、成長など。
内向的な精神／内的な成長／研究などの進展／経験値やスキルの上昇

数字の意味

　数はものを数えるために生まれ、古代より日数の記録や計算に使われてきました。そして数学的な概念とは別に、数字そのものがシンボル的な道具としても追求されてきた歴史があり、ここで扱うのは「象徴としての意味」です。

　数秘学では、「数には大宇宙と小宇宙の調和の鍵がある」「数は宇宙の法則に通じる」とされています。倍数は、シンボル上、その基本数と同じ意味を持ちます。

●数字の0

無、統合、宇宙誕生以前の混沌、母体、永遠を表す。アラビア数字の形「0」から「宇宙卵殻」という意味もある。この数字自体は何も生み出さないが、潜在エネルギーの象意でもある。無限を意味する数でもあり、ネガティブな意味では空虚、虚無や絶無（まったくないこと）、個体消滅、絶滅を示す。そして、燃え尽きたのちに再生する無であり有であるという肯定と否定の両方を併せ持つ特殊数。

●数字の1

原初の形態、はじまりを意味する。宇宙や創造の最初の衝動を表す。意志や能動性、男性原理の象徴で、物事の起点でもある。すべてのスタートであり、続く世界をまだ意識していない状態でもあり、エネルギーの塊といえる。

●数字の2

1から二極に分離した状態を表す。意識、受容性、女性原理、プラスとマイナス、陰と陽など二元論を意味。力の拮抗状態、静止など対立物の均衡や相対的な状態で、分化したまま、まだ運動につながっていない状況といえる。

●数字の3

三位一体、創造原理、調和と安定した創造活動の象徴。二極化し分化したエネルギーの第3の展開は、形成する力を意味。つまり、創造の原点であり、最も基本とされる単位。老子の言葉に、「道は一を生ず、一は二を生じ、二は三を生じ、三は万物を生ず」というものがあるように、万物を生ずる創造数。

●数字の4

秩序をもたらす物質世界を意味。東西南北、四大元素、四次元など。四脚の椅子やテーブルが安定するように、確固とした基盤を表す。人の作り出したあらゆる道具に四角は含まれるといえ、物質世界を意味。四角四面という言葉が頑固で柔軟性がないことを示すように、四角が強調される場合は、固定化し動きのない状態。檻のようなものの意味も。

●数字の5

2と3の和で、調和と創造。回帰衝動や、変化と自由を表す。知性とコミュニケーションを意味し、1から始まった創造の流れのターニングポイントでもある。物質世界を4で終えているため、5は方向転換や、新たな領域を目指して冒険する意味を持つ。

●数字の6

完全数。2（地）と3（天）の積数であり、3の倍数。創造、進化、豊穣を司る。六芒星（ソロモンの封印）など、火と水の結合や霊肉一致など、調和や均衡、両性具有なども表す。創造エネルギーと回帰エネルギーの融合ポイント（天から地への下降と、地から天への上昇の交点）。

●数字の7

3と4のエネルギーの融和。3の創造原理と4の物質原理を統合した数。創造力、アイデアを実際の形にすることを表す。

●数字の8

漢数字で八は末広がり、アラビア数字の8は横にすると無限大を表す。無限を表象するこの数は、物質世界と反物質世界の統合。物質世界を巡るつながりとバランスを意味する。

●数字の9

9は3の倍数であることから、3と6のエネルギーを内包している。一桁数字の最終である9は極みの段階、すべてを内包する包括数でもある。達成や博愛を司り、精神、物質、霊的な現象界の3つの階層の統合数。

●数字の11

二元性、完全性、1＋1は2となるため、2の意味の強調。
インスピレーション／超意識／創造的なアイデア

●数字の13

12をひとつの構成単位とすると、ひとサイクルを終えた次の段階、いい意味では再生を表すとされる。キリスト教文化では忌数（裏切り者のユダを表すとされるため）。基本的には次のステージへのいざないであり、神性や幸運を意味する。

●数字の22

2と4の意味が増幅される。
建設的なプラン／地位や名声／壮大なプロジェクト

●数字の33

数秘学では、ぞろ目を「マスターナンバー」として特別な意味を持つものとするが、中でも33はパワフル。規格外、カリスマ性を意味する。
博愛／慈善／創造／高次のエネルギー

実践リーディングドリル

ワンオラクル、2カード、3カードを各1回分ずつ、
自習できるドリルです。引いたカードを横に置いて、記入してみて。

1 絵柄の印象をフレーズにしてみる

まず絵を見ましょう。どんな印象を持ちましたか？　明るい or
暗い、賑やか or 静かといった雰囲気や、中心になっているアイテ
ム、目に飛び込んできた色、隅にあっても気になるものをチェック。

2 ピンときたキーワードをメモする

そのカードの名称、キーワードと、その解説をブックから書き
留めます。長文解説がある場合は、その中から気になる単語やフ
レーズを抽出。数字など別の要素があれば、それもメモを。

3 リーディングします

実際にリーディング文を書いてみましょう。2でメモしたキー
ワードの中から、立てた問いに関連しそうなものをピックアップ
し、「カードは○○と告げています」と書いてみて。

ワンオラクル

Q 上司に、私の提案を受け入れてもらうために
できることは?

絵柄の印象

金色に輝くダイヤが7粒。奥の大き
なダイヤは少しぼやけて見えるけれ
ど、手前の小さな粒はキラキラとゴー
ジャス。明るい印象で、前向きな気持
ちになれます。

Yellow diamond
イエローダイヤモンド

Self-reliance
自己信頼

輝かしい未来の訪れ!あなたが憧れていたことが、
夢に描いていたことが、実現する兆しです。今は素直
に夢を語ったり、ワクワクした気持ちで過ごすこと
が大切。あなたが強く信じたもの、そして心から受け
入れたものは、すべからく実現するでしょう。

イエローダイヤモンド
[パワーストーン・オラクル
カード・プレミアム] C

ピンときたキーワード

「自己信頼」とあり、「輝かしい未来の
訪れ!」から始まるメッセージが、す
べて希望に満ちたもの。「あなたが信
じたものはすべからく実現するでしょ
う」のフレーズに力をもらえます。

リーディング

私の提案は、上司に受け入れられる。私の案には、ダイヤのようなきらめきがある。
実現させて、大きく輝かせたい。「今は素直に夢を語ったり、ワクワクした気持ちで
過ごすことが大切」とカードにあるので、ちょっと自信をなくしていたけれど、被害
者意識を持たず、夢を語ることにします。

結果　今、私にできることは、上司のOKをもらうことだけを考えるのではなく、案
の実現によって訪れる輝く未来の到来を伝えること!

実際にカードを引いて記入しましょう。

ワンオラクル リーディングドリル

あなたのQ

Q

絵柄の印象

カード名

※イラストを簡単に描いても〇K

デッキ名

ピンときたキーワード

あなたのリーディング

結果

2カード

 在宅仕事が増え、孤独な作業となって気分が晴れません。今の私にアドバイスをください。

左の1枚目を「現在」、右の2枚目を「未来」と設定。

休暇

ユニコーン

［ミスティカルウィズダムカード］ 問A

<table>
<tr><td>

絵柄の印象

空飛ぶ絨毯に乗って、気持ち良さそう。
大きな鳥（白鳥?）や燕、蝶も一緒。
森や川、お城が小さく見えるので、
かなり高く飛んでいる。

</td><td>

絵柄の印象

ユニコーンと女性が
一体となって幻想的。
ユニコーンのたてがみは
虹色に輝いている。
女性のペンダントは乙女座のマーク、
ユニコーンの胴には水星のマーク。

</td></tr>
</table>

ピンときたキーワード

1枚目
- 休暇を取る
- リラックスする
- 楽しい冒険に出かける
- 日光浴をする

2枚目
- 素敵な偶然を呼び込もう
- 意味のある偶然がたくさん起こる

リーディング

「現在」と決めた左のカード。在宅ワークとなり、自室の中でPCの画面を見てばかりいたので、「休暇を取ってもいい」は、まさに今の状態を指摘されたよう。遠出をしなくても、日光浴はできるから、ベランダなどでリラックスしよう。

「未来」と設定した右のカードは、大好きなユニコーン。明日からの日々に希望が持てるカード。素敵な偶然を楽しみにしたい。

結果

カードを引いただけで、気分がかなり上向きになった。「私は、素敵な偶然を人生に招き入れます」と唱えるマントラ（祈りの言葉）がガイドブックにあったので、これを唱えて過ごします！

実際にカードを引いて記入しましょう。

2カード リーディングドリル

あなたのQ

Q

1枚目の設定「　　　　　」

2枚目の設定「　　　　　」

カード名

※イラストを簡単に描いても○K

カード名

※イラストを簡単に描いても○K

デッキ名

絵柄の印象

絵柄の印象

ピンときたキーワード

1枚目

2枚目

あなたのリーディング

結果

3カード

Q 大事な人と、考え方の違いから対立して以来、
ギクシャク。元の関係に戻るためにできることは?

左を「原因」、中央を「今取り組むべきこと」、右を「アドバイス」と設定。

愛の始まり　　　　ソーラー・プレクサス・　揺るぎない基盤
　　　　　　　　　　　　チャクラ

[サイキック・タロット・オラクルカード] 問A

絵柄の印象

1枚目　袖の色が違うので、2人がひとつのお椀を持っている。
　　　　こぼれる水は滝のよう。穏やかな印象。

2枚目　「ソーラー・プレクサス・チャクラ」という名称。
　　　　抽象的で神秘的。仏教的な印象の図形から放射状の光。

3枚目　筋骨隆々の男性の後ろ姿。赤い三角形の意味は?
　　　　背景は険しい山と古代遺跡のよう。

ピンときたキーワード

1枚目
- あなたはポジティブな思いがいっぱいで、あふれんばかり
- 人や自分を許す
- それができたとき、新しい道が開ける

2枚目
- みぞおちのチャクラのバランスを取る
- 第3チャクラは、自尊心や自信の象徴

3枚目
- 揺るぎない基盤
- それを築こうとしている
- 物事の流れにまかせる

リーディング

「原因」とした1枚目。「愛の始まり」という、対立と正反対のキーワードと思えたけれど、この絵のように力のバランスが取れなかったことが原因なんだと思う。

「今取り組むべきこと」とした2枚目。寂しくて心も体も強張っているので、呼吸法やヨガをしてリラックスしたい。

「アドバイス」とした3枚目。無理せず、流れにまかせることと、ふたりの基盤をしっかり築いていくことを心がけます。

結果　相手とうまくいかないことばかりクヨクヨ考えているのではなく、体調を整え、自然に振る舞っていいと思えたし、相手との関係を大切に思っていることを伝えていきたい。

実際にカードを引いて記入しましょう。

３カード リーディングドリル

Q

左の設定「　　　　」　中央の設定「　　　　」　右の設定「　　　　」

1枚目のカード名	2枚目のカード名	3枚目のカード名
※イラストを簡単に描いても○K	※イラストを簡単に描いても○K	※イラストを簡単に描いても○K

デッキ名

絵柄の印象

1枚目

2枚目

3枚目

ピンときたキーワード

1枚目

2枚目

3枚目

あなたのリーディング

結果

リーディングに
「正解」はありません

　カードリーディング初心者だと、「カードを見たときに、こんなふうに感じたけど、それが正解なのかどうか自信がない」「単なる妄想かもしれない」と、自分が受け取ったメッセージを信頼できない場合もあるようです。そしてそのままオラクルカードと距離を置いてしまう……というケースも。

　でも、あなたの受け取った「こんな感じ」は、そのときにあなたはそう感じたという「事実」なのです。そのカードを通してどのような気持ちになるか？　どんなイメージが湧いてくるか？　どのようなインスピレーションを受けるか？　それは人それぞれです。どれが正しくて、どれが間違いということはありません。

　カードリーディングで受け取ったメッセージに「自信がない」のであれば、さらにもう1枚アドバイスカードを引いてみましょう。またP170のカード用記入シートに感じたことを書き出し、その言葉からイメージを膨らませてみるのもおすすめ。こうしてリーディングの回数を重ねるうちに、納得のいくリーディングができるようになります。

CHAPTER

6

オラクルカードを
もっと楽しみましょう

最後に、オラクルカードをさらに深く楽しむための
さまざまな方法を紹介します。また、リーディングを通して、
オラクルカードの持つパワーや魅力を実感できたと同時に、
さまざまな疑問も出てきてはいませんか？
そんなときはP155からのQ＆Aをぜひ参考にしてみてください。

リーディングをより楽しく
カードと仲良くなりましょう

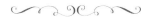

　集中できる環境を整えて、静かにリーディングするのが理想的ではありますが、外出先で「メッセージが欲しい」「迷いにヒントが欲しい」と思うこともあるでしょう。ですから、私はオラクルカードの持ち歩きをおすすめしたいと思います。

　シャッフルもスプレッドも自由ですから、タロットカードよりも「いつでも、どこでも占える」のが、オラクルカードの強み。小さめのデッキをひとつバッグにしのばせ、ワンオラクルがすぐにできるようにしておくと、リーディングの回数も増え、カードとのアクセスがよりスムーズになっていくでしょう。

　またP47でも触れたように、お気に入りカードを部屋に一定期間飾る、写真を撮ってスマホで見る、ということもいいですよ。神秘的だったり可愛らしかったり、ゴージャスだったりとアートワークの素晴らしいカードがありますね。見るだけで元気をもらえそうなカード、あるいは常に目に入るところに置きたいメッセージのカードは、ぜひ見やすいところに飾って。

　とはいえ、何事も適量が大事です。いくつも持ち歩いたり、壁をカードでいっぱいにしたり、あらゆる事象をカードに問うようでは、依存状態です。時にはカードと距離を置き、あなた自身とデッキを休ませるということも考えてください。

ジャンピングカードも
メッセージのひとつ

　カードをシャッフルしているときに、手から離れ、飛び出したり、落ちたりするカードを「ジャンピングカード」といい、オラクルカードでは、その偶然性に注目します。「自ら飛び出してきて、何か伝えようとしている」ととらえるわけです。

　ジャンピングカードは、カードを並べる場の横に、裏にして置いておき、リーディングが終わったあとに、「追加のメッセージ」として開くことが多いようです。もちろん、この役割設定も自由なわけですから、あなたが最初に「このジャンピングカードは○○を見る」と決めてかまいません。決めたことはメモ帳に書いておくなどして、途中で設定を変えないようにしましょう。

カード位置の役割を明確にすれば
オリジナルスプレッドを作ってもいい

　各カードに付属するガイドブックには、複数のスプレッドを紹介しているものもあります。これも、おすすめの展開法であって、「そのスプレッドでなければ読めない」ということはありません。また、知りたい項目に対して、ガイドブックに書いてあるスプレッドだとしっくりこないということもあるでしょう。そんな場合は、あなた流のスプレッドを作ってもかまいません。例えば恋愛の質問ならハートの形に並べる、勝負に際した助言にはＶ（Victory）字型に置いてもいいでしょう。

リーディングをより豊かに
創造力を活性化させましょう

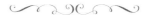

　脳には右脳と左脳があって、論理や言語、数字の分野が左脳、感覚やひらめき、創造の分野が右脳といわれます。言葉を処理するのが左脳で、ビジュアルを処理するのが右脳ということは、オラクルカードのリーディングをしているときは、両方の脳をフル回転している状態なのかもしれません。

　しかも、メッセージをきちんと受け取ろうと心を落ち着かせたり、引いたカードの第一印象から多くを読み取ったり、ひとつの絵からストーリーを組み立てる、キーワードから連想を広げるという行為は、クリエイティビティを伸ばすといわれる方法なのです。つまり、オラクルカードのリーディングは、脳を活性化し、どんどんクリエイティブになっていく行為です。

　引いたカードに、「私の答えはどこにある？」という一点だけを探すのではなく、想像の翼を広げて、「このカードが出たのはなぜ？」と問いながら、目に入る色やアイテム、浮かぶ言葉からどんどん連想していきましょう。

　最初は想像の範囲が狭いと感じ、似たようなことしか連想できないかもしれません。けれど、あなたは創造性を鍛えている最中です。リーディングを行えば行うほど、語彙は増え、発想も広がります。そして、型通りではない、あなたの問いにジャストフィットの「あなたの答え」が生まれるようになっていくのです。

瞑想をしてからのリーディング、
しなかったリーディングを比べてみる

「瞑想」にはさまざまな意味や方法がありますが、ここでは、リラックスして意識をクリアにすることを目的として行う呼吸法を紹介します。あぐらで床に座っても、椅子に腰かけてもOK。手のひらを上にして膝の上に置き、目を閉じます。足のほうから順に意識を向けて力を抜いていき、普段の数倍の長さでゆっくりとした呼吸を繰り返します。雑念が浮かびますが、無理に消そうとせず、徐々に薄れていくイメージを持ってみて。十分に心身が落ち着いたと思ったら姿勢をゆっくり解き、リーディングを始めます。

　一般的に、瞑想してからのほうがポジティブな読み方ができるといわれますが、あなたはいかがでしょうか？

五感のコンディションを
整える

　カードをとらえる視覚はもちろんですが、他の感覚も研ぎ澄まされた状態なら、受け取れるものが多くなることが考えられます。例えば、嗅覚。生活臭より、いい香りを漂わせたほうがいいはず。聴覚については、音叉を鳴らしてからとか、ヒーリングミュージックを聴きながらのリーディングはいかが？　触覚はもちろん、カードをシャッフルしたり引いたりするときに指先に意識を向けること。味覚はおいしいお茶を飲みながら（カードにこぼさないよう気をつけて）。こんなふうに、五感をいい状態にしてカードを読むこともぜひ試してみてください。

リーディングをより深く
精神的な成長を目指しましょう

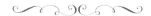

　第2章「オラクルカードってどんなもの？」、第3章「質問の立て方」でも触れましたが、オラクルカードは方法こそ簡単で自由です。けれど、カードと向き合う姿勢は、どんなものでもいい、いいかげんなものでもいいというわけではありません。

　特に他力本願で、「相手に変わって欲しい」「私が何もしなくても幸運を運んで欲しい」と願って使うものではないということを、どうぞ忘れないでください。よこしまな気持ちで、自分勝手な欲求や願望を叶えようとすると、貧しい心のまま人生から不安や不満が去ることなく、事態は何ひとつ変わらないということになるでしょう。

　人間関係を占うなら、「関係を改善するにはどうしたらいいか」「自分はどうあるべきか」を問いかけてください。そして、自分の望みとは違う結果が読み取れた場合も、「相手の幸せを願う気持ちは変わりません」と言えるあなたでいてください。不思議なもので、真摯な願いは、必ず相手に通じ、道を開くでしょう。

　オラクルカードは、純粋さや誠意が問われるツールです。カードとつき合っていくということは、霊的、精神的に成長し続けていくことにつながるととらえ、カードを心強い友とし、どんどん輝きを増していってください。

"風の時代"、カード好きと
つながりましょう

　「風の時代」という言葉を知っていますか？　これは西洋占星術で、2020年末から今後数百年にわたり、国や人種を越えた情報・知識の共有が大切になってくるという考え方。言葉ではなく絵で語り合えるオラクルカードは、風の時代のコミュニケーションアイテムのひとつとなるでしょう。

　オラクルカードはひとりで楽しむのも悪くはありません。でも、日本だけでなく、世界中にオラクルカード好きはたくさんいます。そうした同好の士とつながって、オラクルカードの世界を広げてみましょう。

オラクルパーティーを開く

　オラクルカードが好きな友達と、ぜひ集まってオラクルパーティーを開きましょう。実際に会うのが難しくとも、現在はオンラインで顔を見ながらおしゃべりが楽しめます。最近、手に入れたデッキを見せ合ったり、読むのが難しかったカードについて相談したりすると、さまざまな気づきがあるはず。また、現在抱えている悩みを占い合うのも◎。3人以上いるのであれば、ひとりの悩みに対して、一斉にカードを引いてみるのもいいでしょう。あらゆる角度から光が当たり、複雑な悩みにも解決の道が開けます。

オラクルイベントに参加する

　身近にオラクルカード好きがいないという場合は、オラクルカードイベントや練習会に参加するという方法もあります。オラクルカード制作会社や出版社がさまざまなイベントを主催したり、オラクルカードリーダーが練習会を呼びかけたりしていますので、それぞれのサイトなどをチェックしてみましょう。

　こうしたイベントに参加してみると、オラクルカード好きとつながり、リーディングで迷いが生じたときに助言をくれる「メンター」と出会う確率も高まります。また、「こういうふうにも読めるんだ」と、リーディングの幅を広げることもできるでしょう。

オリジナルのオラクルカードを作る

　リーディングが深まってきたら、オリジナルでオラクルカードを作ってしまうのもいいでしょう。自分で絵を描いたり、イラストが苦手なら、好きな写真を撮ってカードサイズの紙にプリントアウトしてみるというのも OK。メッセージも、神話や童話を題材にするもよし、オリジナルで作るもよし。

　ただ、このときに心地良いメッセージだけを集めないようにしたいもの。オラクルカードは 1 冊の本ですから、メッセージにも起承転結を入れることが大切です。そうして作り上げた「世界でひとつのオラクルカード」を、同じくオラクルカード好きの友達に披露してみると、盛り上がるのは間違いありません。

オラクルカード
Q&A

オラクルカードリーディングをもっと楽しむために、
疑問へのアドバイス、つまずき解決のアイデアをご提案。

Q オラクルカードは
どんなことでも占える?

　基本的に何でも占えます。ただし質問の立て方が的確でなければ、答えも曖昧なものになってしまいますから、そこはしっかりと。またオラクルカードに限らず「他人を陥れる方法」や「寿命」を占うことは、古くから占いのタブー。問題解決にもつながらないため、決して占ってはいけません。

Q カードの枚数が多いほうが、
詳しく占える?

　現在、日本では44枚前後のオラクルデッキが多く流通しています。でも、オラクルカードが生まれた欧米では古くから30枚前後のものから50枚前後のものと、実にさまざまな枚数のデッキが存在します。どんな枚数であっても、リーディングにはさほど関係がないためでしょう。もちろん、枚数が多ければ、メッセージのバリエーションも増え、詳しく占える可能性も高まります。ただ、リーディングする人の中に「こうなって欲しい」というエゴがあると、カードがどんなに正確なメッセージを出していても受け取れません。詳しく占おうとするのなら、まずはエゴを捨て、メッセージの受け手という立場に徹してください。

Q 手が小さいのでカードが扱いにくい。 シャッフルのコツは？

オラクルカードは分厚く硬いものが多いので、ものによってはトランプのようにシャッフルするのには向かないかもしれません。でも、シャッフルの目的は「これで十分」と思えるまでカードを混ぜること。持てないなら、テーブルの上でシャッフルする方法がおすすめです。また、ざっくりとカードを手で扱える枚数だけに分けて、それぞれを手に取ってシャッフルしていくという方法もあります。

Q 海外のカードの絵柄を 私が自由に連想していいの？

連想しても大丈夫です。オラクルカードに限らず、カード占いで大切なのは"直感"。その絵から、あなたが何を感じ取ったか、印象を最優先させましょう。ただし注意したいのは、自由な連想には自分の願望、エゴが入り込みやすいという点。「こんな未来であって欲しい」という思いから、偏ったリーディングをしてしまう可能性も。それを避けるためにも、ガイドブックの解釈に目を通しておく必要はあるでしょう。

Q 海外のカードの英語のメッセージは、 私の日常とずれない？

生活習慣や宗教観がまったく異なる海外で作られたオラクルカード。「？」となってしまうカードが出ることもあります。そんなときは、カードリーダーの先輩や仲間に「どう読めばいい？」と尋ねたり、インターネットで他の人たちがどう読んでいるのかを調べたりするのがおすすめ。自分の日常にぴったりくる読み方を教えてもらえるでしょう。

Q 英語が苦手。英語が得意な人と比べて リーディングが浅くなってしまう？

カードリーディングに何よりも大切なのは、直感とその直感を信じる姿勢。キーワードや解説書の言葉にとらわれずに、その向こう側にあるものを感じ取るようにしてください。

海外発のオラクルカードが多いので、確かに英語や外国語が得意な人にはアドバンテージがあるでしょう。でも未翻訳のカードに運命を感じたのであれば、ぜひ手に入れて。ネットの翻訳機能を駆使して解説書を読んだり、海外の人がそのカードをどんなふうにリーディングしているのか調べたりしてみましょう。そのカードデッキに対する親近感が強まり、カードの絵の持つ背景が理解できるように。自然と、リーディングも深まっていくでしょう。

Q カードの枚数が多くて カードの意味を覚えきれません。 何かコツはありますか？

覚えられないのは、まだカードになじんでいないからかも。ただ、リーディングで大切なのは「カードをめくったとき、どう感じたか」。カードの意味を暗記してしまうのは、その言葉に引きずられてしまい、感じたことを無意識のうちに否定してしまう恐れがあります。暗記するよりも、何度もカードを引きましょう。

プロのピアニストが私たちには信じられないほど長時間、ピアノに向き合って練習をし、楽譜を覚えるのではなく身体に叩き込んでいくように、何かにつけてカードを引いて占ったり、絵を眺めてイメージを膨らませたりしてください。カードの意味が自然と身体に浸透し、リーディングの精度も上がっていきます。

Q 自分のコンディションに 左右されませんか?

体調を崩したり、忙しくて心の余裕がなかったりすると、カードのメッセージを理解できない場合も。そんなときにリーディングをすると、エゴが作用して読み誤りがちです。占いをするときには、自分がどんな状態にあるかを冷静に観察。難しいと思ったら占わないという選択も OK。また、瞑想などの「こうすればフラットな状態になれる」という自分なりのやり方を持っておくといいでしょう。なお、お酒を飲んでいるときのリーディングは「いい」と言う方もいますが、それは人それぞれというのが実感です。

Q オラクルカードとタロットカードと 両方使って占ってもいい?

明るいメッセージをもらえるオラクルカードと、シビアなメッセージの多いタロット。同じ質問を占った場合、一見、違う結果が出てしまい、どう読めばいいのか分からず混乱してしまう恐れがあります。カードリーディングに慣れないうちは、どちらかだけにしておくのがいいでしょう。「どうしてもオラクルカードとタロットのふたつを組み合わせたい」のなら、ある程度、リーディングに慣れてきた頃にしておくのが無難。また、占う前に、それぞれの役割を決めておきましょう。例えば、質問に対する結果を知りたいのなら、ズバリのキーワードで答えを示すオラクルカードで。そして、その結果を得る（あるいは回避する）にはどうすればいいのか、具体的なプロセスを示してもらうにはタロットカードで占う、というような感じです。

Q 未来のカードに望まないものが 出たら、引き直してもいい?

同じ質問で引き直さない。これは占いの鉄則です。望まないカードが出たとしても、それは「今の状況のまま放置していれば、こうした未来になる」という警告。腹をくくって受け止めてください。もう一度、カードを引くとしたら「自分が望む未来をたぐり寄せるために、どうしたらいいか?」と、質問を変えるべき。

Q カードの文章が難しすぎて、 わからないときは、どうしたらいい?

カードの文章が難しいと感じたときは、何度も読み返してみて。「こう言いたいのかも」と腑に落ちる瞬間がやってきます。もっとも、オラクルカードは "Don't think ! Feel !（考えるな感じろ）" が基本です。考えるよりも、インスピレーションを感じやすい体勢を作るのも大事。お茶を飲んだりストレッチをしたりして、心身を緩めてみましょう。瞑想をするのもおすすめ。

Q カードのメッセージが しっくりこない気がするのだけど?

言いたいことは分かるものの、質問の答えとしてはピントがずれていると感じる場合、文章から離れ、カードの絵に表れているシンボルに注目してみましょう。最初に目に飛び込んできたモチーフは何でしたか? カードの色合いから感じるものは? そうした感覚をメモしていくうちに、答えが見えてきます。無理に「解釈しよう」として言葉を優先させないこと。

Q びっくりするほど 自分に都合のいいカードが出ます。 このリーディングを信じていい?

オラクルカードのメッセージはポジティブなものが多いので、「こんなにうまくいくはずがない」と、信じられなくなるときもあるでしょう。そんなときは解釈しようとするよりも、「第一印象を最優先する」という、カードリーディングの基本姿勢を思い出して。絵を見た瞬間、明るい印象、ポジティブな言葉がひらめいたのであれば、それが今のあなたにぴったりなメッセージです。

Q 初心者でメッセージをちゃんと 受け取れている気がしません。 リーディングがうまくなるコツは?

最初のうちは、とにかく何度でも引いてみること。人生にかかわるようなことだけを聞くのではなく、「今日のおやつをどれにするか?」といった、些細な質問でもいいのです。触れる回数を増やすことで、カードと仲良くなり、リーディングの精度も上がってくるでしょう。

このとき、カードに書かれていたキーワード、自分が感じたことをメモしておくといいでしょう。そして、占った内容が実際にどうなったかを記録していく「理論と実践」を繰り返して、経験値を高める中で、リーディングの精度も上がってきます。

同時に、感覚・感性を磨くのも忘れないで。オラクルカードは感覚的な世界からのメッセージを受け取るという面もありますから、絵や音楽といった芸術に触れたり、山や海といった大自然の中に足を運ぶのもおすすめです。

Q 直感でリーディングしたことと解説書の文章が食い違うとき、どちらを信じればいい？

直感を優先して大丈夫です。解説書にあるのは読み方の一例であり、絶対というわけではありません。解説書の中にある言葉がカギとなって、リーディングが深まる場合もあります。「違う」という感覚に執着せず、もう一度フラットな目で読み返してみて。オラクルカードに正解・不正解はありません。

Q 質問と関係のないように思えるカードが出たら？

オラクルカードでは「関係のないメッセージは出ない」と言っても過言ではありません。一見、関係がないように感じられても、カードは今のあなたの問いかけにまっすぐ答えてくれています。もしかすると言葉の部分ではなく、絵や数字、第一印象の中に答えがあるのでは？また解説書にキーワードを見つけることも。あらゆる角度から読んでいくようにしてください。

Q 苦手なカードが出たときは、どうしたらいい？

苦手に感じるものは、たいていの場合 "克服すべき課題"。それを克服する中で、今のあなたを大きく成長させてくれるものなのです。「ネガティブな印象がある」「どうしてもイメージが広がらない」というものであっても、それは今のあなたに必要なものを教えてくれているカード。そのメッセージを無視せず、それが何を示しているのか真剣に考え、場合によっては行動に移してみましょう。

Q 中古のカードデッキは使わないほうがいい？

中古であっても「欲しい」と感じたのであれば、それはあなたの元に来る運命のデッキ。ぜひ迎え入れてください。入手したら新品のデッキと同様、浄化して自分のエネルギーを注入。ただし、すぐに使うのではなく何回かカードを眺めてコンタクトをとっていきましょう。そして、簡単な質問からリーディングを開始。新品のものよりも慎重に扱うことをおすすめします。

Q オラクルカードを浄化するタイミングは？

リーディングを終えるたび、もしくは何だかカードが疲れているように感じたら、解説書でおすすめされている方法やP41の方法で浄化するといいでしょう。新月の日、あるいは春分・夏至・秋分・冬至といったタイミングで定期的に浄化してカードのエネルギーをリセットするのも◎。カードを誰かに譲る、手放すときには、浄化をして最後に感謝を伝えるといいでしょう。

Q 年齢によって合うカードは変わる？

年齢別に合う、合わないというカードはありません。何歳でも自由に楽しめます。ただ、そのデッキの世界観によって、得意とするジャンルがありますから、自分が親しみを感じる世界観のカードから使うほうがより楽しくオラクルカードとつき合えるのは確か。また、人生経験の多い、少ないによってリーディング内容、読みとるポイントも変わってきそうです。

Q どうしても読み解けない カードを読み解くには？

いくら考えても、何を示しているのか分からないというカードがある場合、「もっと詳しく教えてください」と質問して、アドバイスカードを1枚引いてみるといいでしょう。それがきっかけとなって一気にイメージが膨らみ、読み解ける場合があります。

もちろん、もう1枚引いても分からない場合もあるでしょう。でも、そこでまたもう1枚、さらにもう1枚とカードを引くのはNG。その問題は、今は手をつけずにしばらくは寝かせておくべきと教えている可能性があります。そのカードを覚えておくと後になって「こういうことだったのか！」とひらめくかもしれません。

Q 同じカードが何回も出るときは、 何か意味がある？

何度も出るということは、それだけ今のあなたにとって重要かつ必要なメッセージなのでしょう。特にそれが耳に痛いメッセージの場合はあなたが本気になって取り組むべき課題。先送りにせずに、今、解決に向けて動き出しなさいと背中を押しているのだと考えて。人間は習慣の生き物。気づかないうちにネガティブな行動を繰り返してしまう場合、それが良くないことを引き寄せていると気づかないことも。「悪習慣を今、終わらせるべき」と教えているのかもしれません。

ただ、あなたの「こうなって欲しい」という欲望が強すぎて、そのカードを引き寄せている可能性も。その質問はいったん脇に置く必要がありそうです。

Q スプレッドを並べる
スペースが作りにくい。
カードを重ねて置いてもいい?

きれいに並べるスペースがないというのであれば、十分にシャッフルした後にひとつの山にして、そこから必要な枚数を引くという形でもOK。ただ、スペースに物が多すぎてリーディングに集中できないのではないかと心配です。余計な物、雑音でメッセージを受け取れないのであれば、片づける、場を移動するなど対策を講じて。

Q メッセージが難しく、
扱いにくいデッキがあります。
どうしたら、扱いやすくなる?

もしかすると、占う分野がそのカードに合っていないのかもしれません。例えば「恋愛」のテーマに向いているデッキに、「この株を買ったら、どういう結果になりますか?」と質問しても、納得のいく答えは得にくいでしょう。そのデッキの特性をきちんと理解したうえで、質問をする必要があります。

そうしたデッキの特性を考えて質問をしたにもかかわらず、読みにくい、扱いにくいと感じるのであれば、人間関係と同じで、そのデッキとは仲良くなれない相性なのだと考えて。けれども読みにくいカードデッキはリーディングのスキルを磨くチャンス。メインのデッキとして使うのではなく、サブのデッキとして使用しましょう。あるいは向いていそうな分野を占うとき専用のデッキにすると、ぴったりと納得するメッセージをくれるようになるかもしれません。

Q 絵柄は好き。でも、文章はピンとこないデッキはどうしたらいい？

　絵は好きだけど、キーワードや解説文がピンとこない、反対にキーワードのセレクトはぴったりくるものの絵柄が今ひとつ……という場合があるでしょう。いずれにしても「好き」と思えるならば、そのデッキはあなたと縁があるといえます。文章にピンとこないというのであれば、絵からメッセージを読み取るようにするといいでしょう。反対に、絵にピンとこないというのであれば、そのキーワードからどんどんイメージを膨らませてリーディングしてみて。そうやって何回もカードに触れ、心を通わせていく中で、次第に違和感も薄れていくでしょう。

Q カードの解説書をなくしてしまった！このデッキはお蔵入り？

　解説書をなくしたのは残念ですが、むしろリーディングの幅を広げるチャンス！　カードデッキについてきた解説書は、あくまでも作者が想定した読み方。解説書がなくてもどんどんカードを引いて、その時々に感じたこと、気づいた点をメモして、あなた自身の言葉による解説書を作っていきましょう。

　ただし、そのデッキの世界観を十分理解するのはお忘れなく。例えば、女神をモチーフにしたデッキであれば、どんなにマイナーな女神であってもその役割はきちんと調べておきたいもの。イラストの雰囲気だけで読もうとすると、読み誤ってしまう危険性があります。

Q 身近な人をリーディングするときは、どこまで伝えていい？

出てきたカードが、相手の期待しているものとは正反対のメッセージだったり、ネガティブなものだったりすると、「伝えていいのだろうか」と迷ってしまうかもしれません。でも、それは「今のままではいけない」と警告しているのですから、きちんと言ってあげましょう。くれぐれもポジティブな内容に意訳する、同じ質問でもう一度カードを引くということはしないで。

Q いいメッセージが出たのに、いいことが起こらないのはなぜ？

カードが示したタイミングと、あなたが期待したタイミングがずれているのでしょう。「いいことが起こらない」と思っていても、実はその「いいこと」が起きるのは、もう少し先なのかもしれません。反対に、実はカードが告げていた「いいこと」を見落としてしまっていた可能性もありそう。「いいカードが出た！」と喜んで、期待しすぎていたケースもあります。

Q 間隔を空けて同じ質問をすると毎回違うアドバイスが出て迷ってしまいます。どうしたらいい？

オラクルカードは、現在の状況を基準にアドバイスを送ります。毎回違うアドバイスが出るというのは、日々変化するあなたに合わせて、カードが新しい課題を授けているということ。また、メッセージに惑わされているのであれば、同じ悩みでも質問をまったく同じにはせず、毎回質問の切り口を変えたほうがいいかもしれません。

ファイリング
フォーマット

新しいデッキを迎えるたびに、その第一印象や、
使っていくうちに気づいたことをメモするフォーマットを用意しました。
また、カードを引くたびに自分の解釈を書くカード用フォーマットも。
それぞれナツメ社ウェブサイトからPDFファイルを
ダウンロードできますので、印刷・コピーをしてお使いください。

**本書に掲載している
「ORACLE DECK FILE」と「ORACLE CARD FILE」は、
以下の手順でダウンロードできます。**

1 インターネットブラウザを起動し、ナツメ社ウェブサイトを開く。

2 「オラクルカード」で検索し、本書『いちばんやさしいオラクルカード
　リーディングの教科書』のページを開く。

3 ページ下部にある「サンプルデータ」下の「ダウンロード」ボタンをク
　リックする。

ORACLE DECK FILE

デッキ用記入シート
デッキ1組ごとに記録しましょう。

デッキ名

作者

第一印象

気づいたこと

記 入 見 本

デッキ名
英タイトルと日本語タイトルがあれば
併記しておきましょう。

作者
作者名の他、イラストレーター名など
も。

ORACLE DECK FILE

デッキ用記入シート
デッキ1組ごとに記録しましょう。

デッキ名
パワーストーン・オラクルカード・
プレミアム

作者
森村あこ

第一印象
・カードに診断があるので、見やすい。
・カードの裏がホログラム加工で、キラキラときれい。

気づいたこと
・60枚あって、いろいろな診断が得られる。
・パワーストーンにも詳しくなった。気になるストーンは、手元に置いたり、
　アクセサリーで身に着けようかと思う。
・嫌な感じのするカードがない。飽きがこない。
・キーワードが簡潔でわかりやすい。
・メッセージがどれも優しい。

気づいたこと
カード1枚1枚ではなく、このデッキ
全体に関して気づいたこと、好きな点
をなんでも自由に記録してください。

第一印象
デッキを開封し、カードを手に取った
とき、全体をざっと見たときの印象を
メモ。

ORACLE CARD FILE

カード用記入シート
カード1枚ごとに記録しましょう。

カード名

キーワード／メッセージ

気になったシンボル

感じたこと

記 入 見 本

カード名

1枚のカードの名称を書きます。ナンバーやカテゴリーがある場合は、それもメモしておいて。

キーワード／メッセージ

カードやガイドブックにあるキーワードやメッセージで、心に響いたものを書きましょう。

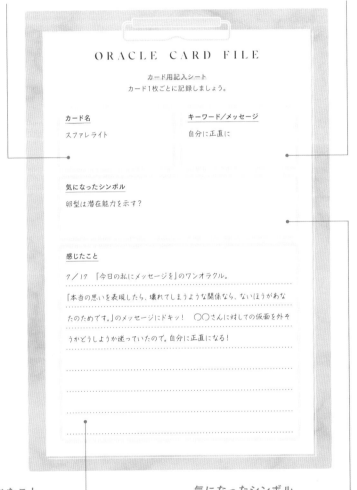

ORACLE CARD FILE

カード用記入シート
カード1枚ごとに記録しましょう。

カード名

スファレライト

キーワード／メッセージ

自分に正直に

気になったシンボル

卵型は潜在能力を示す？

感じたこと

7／17 「今日の私にメッセージを」のワンオラクル。

「本当の思いを表現したら、壊れてしまうような関係なら、ないほうがあなたのためです。」のメッセージにドキッ！ ○○さんに対しての仮面を外そうかどうしようか迷っていたので。自分に正直になる！

感じたこと

このカードを引いた日付、尋ねたこと、カードが示した内容、あなたの感想や決意など、自由に使ってください。リーディングを重ねるにつれ、書き留めておきたい内容が変わってくるかもしれませんね。このシートが増えていくことを楽しみに記録していきましょう。

気になったシンボル

絵の中で惹かれたもの、印象的なアイテムなどを書く欄です。「シンボル事典」（P116-134）を参照して、意味の中からピッタリくるものもメモしては？

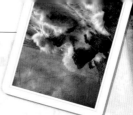

おわりに

　この本では、オラクルカードの世界を少しでも楽しく探求できるように、そして理解が深まるように、いろいろ工夫を凝らしてみました。リーディングに必要なことから、実例、練習問題、シンボル事典……そして、読者の皆様の楽しみの幅が広がるようにと考えました。

　オラクルカードにはさまざまな種類があります。あなたのお好みで選んでください。気の合うカードや、そばに置いておきたいカードとの出会いがきっとあると思います。デッキ選びで迷ったときは、ご自身の直観を信頼して手に取ってください。

　もっと触れてみたい、何かインスパイアされるという、あなただけの手ごたえを感じるカードとの出会いは、その後の人生を変えるきっかけになることもあると思います。

　人と人のコミュニケーションが深まれば、より理解が深まるように、カードとも、接するほど、阿吽の呼吸のようなものが芽生え、カードが伝えようとしていることをキャッチできるようになるでしょう。

　オラクルカードに添えられているメッセージや解説だけでなく、あなたが感覚的に感じることがあったら、その感覚を尊重し

　ましょう。言語化できなくとも、心で感じることが「答え」だと思います。

　それは、そっとあなたの背中を押してくれるもの、ささやきのようなものであるかもしれません。たとえわずかでも、カードから感じ取ったものは、そのときのあなたに必要なことであることは確かなのです。

　あなたの人生は、あなただけのものであり、あなたを全肯定できるのも、あなただけです。弱い自分も受け止めて、どんなことからも良いことを吸収して成長し、自分らしい人生を歩めるようになって欲しいと思います。

　たくさんの祈りを込めてこの本を制作しました。

　この本を手にしてくださった読者の皆様、製作に携わっていただいた編集者、関係者の方々、本当にありがとうございます。

　皆様の人生のご発展と、愛と幸せに満ちたライフを祈って——

森村あこ

オラクルカードお問い合わせ

SHOP LIST

A　ライトワークスオンラインストア
　　http://light-works.jp/

B　日本のオラクルカード・タロットカード全集
　　（ヴィジョナリー・カンパニー）
　　https://card.visionary-c.com

C　実業之日本社
　　https://www.j-n.co.jp/

D　河出書房新社
　　https://www.kawade.co.jp/

E　ヴォイス
　　https://s.voice-inc.co.jp/contact_publ

F　アートショップ観稀舎
　　https://ancilart.thebase.in/

G　フラワーメッセージオラクルカード
　　オンラインショップ
　　https://floweroracl.base.shop/

H　願いを叶える「花曼荼羅」
　　https://hanamandara.com

I　一般社団法人シンクロニシティカード協会
　　https://www.synchronicitycard.com

著者プロフィール

森 村 あ こ

ホロスコープカウンセラー、西洋占星術研究家、ストーンセラピスト、アロマセラピスト。女性誌を中心に執筆多数。深層心理への深い理解に基づく悩み相談で、多くの人を勇気づけている。著書に『パワーストーン・オラクルカード・プレミアム』『はじめてでもよくわかるタロット占い入門』『アルケミア・タロット』『パワーストーン　魔法の石カタログ』(以上、実業之日本社) などがある。
https://akomorimura.blogspot.com/
https://note.com/ako33

STAFF

アートディレクション	江原レン(mashroom design)
本文デザイン	森 紗登美(mashroom design)
編集協力	株式会社説話社
編集担当	田丸智子(ナツメ出版企画株式会社)
DTP	竹内真太郎、金城 梓
	(株式会社スパロウ)
本文イラスト	Shutterstock

ナツメ社Webサイト
https://www.natsume.co.jp
書籍の最新情報(正誤情報を含む)は
ナツメ社Webサイトをご覧ください。

本書に関するお問い合わせは、書名・発行日・該当ページを明記の上、
下記のいずれかの方法にてお送りください。
電話でのお問い合わせはお受けしておりません。
● ナツメ社webサイトの問い合わせフォーム
　https://www.natsume.co.jp/contact
● FAX (03−3291−1305)
● 郵送 (下記、ナツメ出版企画株式会社宛て)
なお、回答までに日にちをいただく場合があります。
正誤のお問い合わせ以外の書籍内容に関する解説・個別の相談は
行っておりません。あらかじめご了承ください。

いちばんやさしい
オラクルカードリーディングの教科書(きょうかしょ)

2021年8月1日　初版発行

著　者	森村あこ(もりむら)　©MORIMURA AKO, 2021
発行者	田村正隆
発行所	株式会社ナツメ社
	東京都千代田区神田神保町1-52
	ナツメ社ビル1F (〒101-0051)
	電話　03-3291-1257 (代表)
	FAX　03-3291-5761
	振替　00130-1-58661
制　作	ナツメ出版企画株式会社
	東京都千代田区神田神保町1-52
	ナツメ社ビル3F (〒101-0051)
	電話　03-3295-3921 (代表)
印刷所	ラン印刷社

Printed in Japan
ISBN 978-4-8163-7055-7